2003年，我获得阿里巴巴股票期权 ▲

2004年12月—2006年12月，我在东莞初创主管团队 ▲

2005年,广东大区管理团队来东莞组建新团队 ▶

2005年,马云与东莞团队合影 ▲

2005年,阿里巴巴"十八罗汉"之一戴珊(左一,时任广东大区总经理)来东莞参加东莞分部乔迁之喜 ▼

我请教关明生：中国中小企业如何打造自己的销售铁军团队 ▲

2007年,广东大区管理层与马云合影 ▲

2007年,阿里巴巴前 COO 关明生(右一)来东莞团队进行分享 ▼

2006年，广东大区销售主管"赢在执行"的培训合影 ▲

2007年1—5月，在广州做主管时，获得全国Top3主管团队的荣誉 ▼

2008年，我和马云合影 ▲

2009年，广东网商大会庆功宴 ▲

2009年，时任淘宝网CEO兼总裁陆兆禧（左一）参加广州网商大会庆功宴 ▲

我培养出来的顶尖销售魏巍同学获得全国销售季军 ◀

销售铁军

把产品卖出去，把钱收回来！

贺学友 / 著

中信出版集团 | 北京

图书在版编目（CIP）数据

销售铁军/贺学友著.--2版.--北京：中信出版社，2023.9
ISBN 978-7-5217-5690-6

Ⅰ.①销… Ⅱ.①贺… Ⅲ.①销售－方法 Ⅳ.
①F713.3

中国国家版本馆CIP数据核字（2023）第075538号

销售铁军

著者：　贺学友
出版发行：中信出版集团股份有限公司
　　　　　（北京市朝阳区东三环北路27号嘉铭中心　邮编　100020）
承印者：　宝蕾元仁浩（天津）印刷有限公司

开本：787mm×1092mm 1/16　　印张：17.75　　插页：4　　字数：200千字
版次：2023年9月第2版　　印次：2023年9月第1次印刷
书号：ISBN 978-7-5217-5690-6
定价：69.00元

版权所有·侵权必究
如有印刷、装订问题，本公司负责调换。
服务热线：400-600-8099
投稿邮箱：author@citicpub.com

目　录

推荐序　成功背后有因果 / 关明生　V
自序　VII

第一章　阿里铁军你也学得会 / 001

阿里铁军的诞生　003
没有统一的价值观，就没有阿里铁军　008
超强执行力来自对规则的坚守　012
可复制的销售铁军　018

第二章　树目标：
有了目标，才有努力奋斗的方向 / 027

管好团队每一天的小目标　029
"金矿"就在客户资料中　036
心软和散漫是团队业绩的天敌　044
将客户分为 A、B、C 三类　052
从 2% 到 30%，差的就是有效拜访　058
能一次拿下的客户，千万不要等到第二次　066
把客户信息放进"保险柜"　072

第三章　追过程：
做好销售过程管控，培养高效执行力 / 079

成功往往是过程，不单纯是结果　081
源头对了，事半功倍　089
有效沟通和无效沟通　094
好的销售策划方案，自己会说话　099
客户购买的不是产品，而是产品的价值　106
清除客户潜在的担忧　114
搞定不能快速签单的客户　119

第四章　拿结果：
没有业绩，一切都是空谈 / 127

达成"赢"的结果：公司赢 + 团队赢　129
"早启动"不是"喊口号"，而是做细节　136
阿里铁军的"晚分享"机制　141
现场管理，传授方法　150

第五章　销售不是讲故事，而是讲方法、重成交 / 157

状态和效率是顶尖销售的两大标配　159

辅导销售新人的三个环节　164

提高 B 类、C 类客户资源的利用率　172

提高自驱力，创造好业绩　177

好销售需要好心态　181

第六章　打造你的阿里式销售铁军 / 189

找到能做非凡事的平凡人　191

阿里人才梯队管理体系　198

留人需留"心"　205

将"野狗"和"小白兔"踢出队伍　212

第七章 领导力培养：
一个好的管理者，必须是一个好教练 / 217

管理者必备的三项能力　219

优秀的管理者都是好教练　226

管理三板斧："揪头发""照镜子""闻味道"　233

第八章 落实数据化管理 / 241

建立科学的数据化管理体系　243

客户转化率是销售成败的"照妖镜"　249

利用数据让有效预约真的有效　255

客户拜访数据分析：从量变到质变　261

致谢　269

推荐序

成功背后有因果

阿里巴巴前首席运营官、首任总裁　关明生

在阿里巴巴的那段时间,我曾经跟很多杰出的同学一起并肩作战。阿里巴巴从一无所有发展成为今天的互联网商业巨擘,可以毫不夸张地说,这个大工事的基础都是这批同学一点一点建造起来的。这些同学大多出自阿里铁军,并且在其中扮演着非常重要的角色,其中一位就是贺学友。

他是阿里巴巴的 top sales(销售精英),做得非常出色。坊间流传着很多他在阿里巴巴的故事,其中最著名的一个桥段就是他和马云的那一次"西湖赌约",这是一个所有阿里人都耳熟能详的故事。

今天我很高兴,他能把自己丰富的经验——怎样从零开始做一个 top sales,怎样从 top sales 做到销售主管,怎样从销售主管做到区域经理——公诸同好，分享给更多的人。

我衷心祝福老贺，也希望各位同学可以从老贺分享的经验中学到知识，得到鼓励和启发，从而获得帮助，谢谢大家！

虽然我和老贺都离开了阿里巴巴，但我们始终是阿里大家庭的一分子。我们是带着阿里精神走出来的，更关键的是，阿里的经验给了我们"选择的自由"。我们要把这种选择的自由和我们在阿里各种各样的打拼精神，一起传承下去。

另外，我们还要回馈社会。我们从这个社会拿到好多"好的因"，也拿到好多"好的果"，所以，我们要去帮助更多的人获得成长。那么，我们应该怎么做呢？有一个好办法就是，做他们的良师益友，就像老贺一样，分享我们的经验，让他们看到，原来阿里人成功的背后，是有这样的一些因果存在，从而让大家相信：阿里人能做到的，他们也一定能够做到。

2019 年 4 月 20 日写于香港家中

自　序

从 2001 年至 2009 年，在阿里巴巴的这 9 年，我只学会了两件事情：一是如何成为一名优秀的销售人员，二是如何成为一名优秀的管理者。虽然过程很坎坷，但所幸有所收获。

刚进入阿里巴巴，我就成为销售铁军里的一员。2003 年，我拿下了阿里巴巴月度销售业绩比拼的 6 个冠军、6 个亚军，包揽了 4 个季度销售冠军，那一年我的业绩总额是 630 万元。2004 年，我从杭州地区被调到东莞地区担任区域经理。刚到东莞的时候，东莞团队的业绩一塌糊涂，经过一段时间的整改，团队的月销售额从 10 万元提升到了 1100 万元，人效提升排名全国第一。

从阿里巴巴离开之后，我一直在思考，自己能不能做一些力所能及的事情。在先后入职三家公司，担任过经理人、运营官等多个职位之后，我发现我能做的就是利用我在阿里巴巴积累的销售和管理经验，帮助企业的销售人员和管理人员提高业绩、提升能力。于是，我创办了驿知行，也就有了这本书。

阿里巴巴的中供铁军（阿里巴巴中国供应商直销团队）在很多人眼里是销售行业的神话，是难以复制的奇迹，但作为亲历者，我一直认为阿里铁军能够成功，并不是因为所谓的天时地利，而是因为具备了行之有效的管理体制和人人拼命的销售团队。虽然世殊时异，但曾经的辉煌并不是完全不能复制，只要掌握了阿里巴巴式的中供铁军打造体系，即使不能成为第二个阿里巴巴，也足以帮助很多企业建立高效的销售团队，提升销售业绩。

现在有很多销售指向型的企业，受困于销售团队的能力问题，在经营上稳健有余、冲劲不足，陷入原地踏步的尴尬境地。之所以出现这样的情况，主要是因为大部分企业在销售人员的培养上，选择了一种顺其自然、等待他们自学成才的方式。

要知道，没有人是天生的销售人才，也不是所有人都对销售工作充满热忱，愿意主动自我提升。换句话说，销售人员的成长离不开管理者的培训和指导，销售团队的发展也离不开数据化、标准化和细致化的管理体系。

当然我也不是一开始就明白这个道理。我第一次带团队也是失败的，我以为凭借自己过人的销售能力，就能够帮助团队中的每一个人签单，提升他们的业绩，但现实并非想象中那样完美。

经历过一次失败，我才真正理解到，销售能力并不完全等同于管理能力，帮人销售和教人销售其实是两回事。真正的管理者懂得用价值观选择人才，用情感维系团队的凝聚力，用数据明确指导的方向，用业绩标杆刺激团队的积极性，用"16字法则"进行过程的管控，用培训提高销售的能力。虽然我开窍比较晚，但我自信对阿里巴巴的销售管理体系的认知足够深刻，毕竟我曾经拿到过团队人效增长的冠军。

"正确地做事，做正确的事"是阿里铁军的一贯风格。阿里铁军销售管理法则，曾经帮助阿里巴巴从危难中崛起，而在它辉煌之后，我希望这种理念和方法可以惠及广大中小企业。所以，这本书不是一本简单的管理类图书，至少从感性的角度我是这样认为的。这本书不只包含了我个人的经验，也包含了第一代、第二代阿里人智慧的结晶。同时这也是一本理论和方法紧密结合，具有非凡实战意义的工具书。

我很庆幸自己能够在阿里巴巴尚未封神之时成为其中一员，这样我就可以自豪地说，我见过它最坏和最好的时刻。我也希望这本书可以帮助很多处于最坏阶段的企业，找到实现自己最好结果的光明之路。

第一章

阿里铁军你也学得会

1999年,阿里巴巴横空出世。与这个品牌同时踏上世界舞台的,还有后来被称为阿里铁军的阿里巴巴中国供应商直销团队。即使在互联网泡沫破碎之后,凭借超强的战斗力,阿里铁军依然实现了百亿元级别的年度业绩,帮助阿里巴巴渡过难关,起死回生。

阿里铁军的诞生

在外人看来，阿里巴巴的崛起是借时代的东风，在互联网尚未占领时代潮流版图之前，在网络经济的红利期内，整合了有限的资源，强势博得了市场的青睐。但在我们这些局内人看来，这些所谓的天时地利，在创业阶段并没有成为有效的辅助力量。幸运的是，我们有一支无坚不摧、所向披靡的销售团队——阿里铁军。

初登历史舞台

2000年是阿里巴巴第一次发展高潮到来的一年，国内市场持续得到开发，同时也获得了国际市场的认可，还拿到了第二轮融资的 2000 万美元，这笔融资主要来自软银等数家投资机构。然而，正当所有人志得意满、大肆扩张、挥金如土的时候，互联网寒冬不期而至。

在 2000 年的整个下半年里，阿里巴巴进入了收缩经营的模式，但依然没能迅速扭转局面，资方的投资仍然在不断地被消耗，阿里巴巴的管理层也依然在焦灼中寻找破局的方法。

终于，在决定公司生死存亡的会议中，公司高层管理者达成了共识，决定以最传统的销售方式完成最新潮的互联网业务的自我救赎。就这样，2000 年 10 月，阿里巴巴中国供应商直销团队（阿里铁军）正式登上历史舞台。

破局而出

"中国供应商"这个名词第一次在阿里巴巴出现是以产品的形式，而阿里铁军销售的主要产品就是中国供应商。当时，所有人都把这次尝试看作孤注一掷的豪赌，生死未卜。不过，关明生、李琪和李旭晖的到来，让阿里巴巴获得了险死还生的机会。

2001 年，关明生来到阿里巴巴做的第一件事，就是裁撤了各种冗余机构和人员。经历这一次洗牌之后，公司的整体销售体系出现了巨大的变化，而阿里铁军就在这时抓住了发展机遇。

如果说关明生给阿里铁军带来的是思想上的高度提升，那么李琪与李旭晖的到来，就是奠定了阿里铁军发展的人才基础和理论基础，即一边负责招聘，一边负责培训。我正是在此时加入阿里铁军团队，亲眼见证了这支销售铁军如何从一无所有的境地破局而出，又是如何从无名小卒到行业翘楚的全部过程。

创造辉煌

阿里铁军扎根于中小企业市场，以简单直接的地销形式向企业的经营者推销需要高额费用的网络服务。在互联网刚刚起步的年代，这种销售模式的执行难度可想而知。但是，在这种艰难的境况中，阿里铁军内部从上到下，无论是管理者还是销售人员都始终保持着昂扬的斗志，同时也都做好了艰苦奋斗的准备。

为了提高团队成员的销售能力，管理者制定了几乎不近人情的管理体制：封闭式的入职培训，严格的末位淘汰制，同时从"早启动"到"晚分享"都在围绕目标激发销售人员的动力，甚至管理者会随时进行陪访。为了防止销售人员在工作量上造假，阿里巴巴还特设了一个部门，专门负责事后审查销售人员上报的客户资料，一旦发现作假，直接开除，绝不姑息。

在管理者殚精竭虑的同时，阿里铁军销售人员的自身拼搏程度也达到了令人尊敬的程度。当时，团队对销售人员的要求是每天的客户拜访量要达到8个以上。那时候，我常常在公司工作到午夜，然后第二天凌晨起床简单收拾之后，就开始准备去拜访客户。在当时的阿里铁军里，跟我保持一样作息状态的人不在少数。

在管理者和销售人员的共同努力下，阿里铁军的业绩飞速增长。在阿里巴巴的整个销售系统中，阿里铁军被称为"现金奶牛"，也就是说，要靠阿里铁军的业绩才能养活其他部门。

在外界看来，阿里铁军是一支神话般的销售队伍，但在阿里巴巴内部，大家更愿意把我们称为一群努力到极致的平凡人。除了坚毅和吃苦耐劳的精神，我们其实和普通人并无二致。也正是因为这样，我们的团队才更加令人钦佩。

无论是神话也好，平凡也罢，在阿里铁军强势崛起的带动下，阿里巴巴顺利度过了世纪之交的互联网寒冬。虽然过程崎岖坎坷，但最终的结果却令人振奋，因为我们生存下来了。

俗话说，否极泰来，经历了互联网危机磨炼的阿里铁军，在接下来的6个年头里，不断刷新着阿里巴巴的团队销售纪录，培养了一个又一个杰出的地区、全国甚至全球销售冠军。与此同时，我们团队的规模也从最初的几十个人扩张到了2000人左右。

2007年，一方面考虑到阿里巴巴需要在国际市场继续强化品牌影响力，另一方面，也考虑到一批员工已经为阿里巴巴呕心沥血地工作了很长时间，需要一些现实的奖励来激励他们继续走下去，所以，当年的11月6日，阿里巴巴的B2B（企业对企业）业务率先实现了上市。

奠定阿里军魂

我一直记得，当时虽然我们这些销售人员住得不好、吃得不好，但每个人都斗志满满，对未来充满了希望。即使业绩、收入不理想，即使被客户谩骂驱赶，大家也总是欣然接受，然后继续踏上征程。很多人不了解阿里铁军的销售人员为什么能够拥有如此强大的内心，作为阿里铁军的一名老员工，我可以这样解答这个问题：因为我们拥有塑造意志的阿里军魂。

对成功拥有近乎病态的偏执，愿意为此付出常人所不及的努力，是对阿里铁军团队成员内心深处最真实的描绘。**这种发自内心的偏执，最终形成了极致高效、极致拼搏的阿里铁军式的工作风格。**虽然阿里铁军今时不同往日，但我们的军魂始终被继承和发扬。

同程旅游创始人吴志祥、滴滴出行创始人程维、美团前首席运营官干嘉伟、瓜子二手车前首席战略官陈国环，当然也包括我在内，虽然大家都已经离开了阿里巴巴，但我们把阿里军魂和铁军精神带到了互联网行业的各个领域。

阿里铁军在阿里巴巴的危机中诞生，临危受命，在充满艰难险阻的环境中奋勇向前，帮助阿里巴巴度过了生死存亡的寒冬，在阿里巴巴的发展进程中添上了浓墨重彩的一笔。

没有统一的价值观，
就没有阿里铁军

　　2001年，关明生的加入，帮助阿里巴巴建立了最初的价值观体系，这一体系经过后来的几番提炼，最终形成了阿里巴巴企业文化中的核心价值观。而第一批接受价值观教育的，正是新生的阿里铁军团队。

　　作为阿里巴巴企业文化形成的关键人物，前首席运营官关明生在2001年就走马上任了。在到岗后的第5天，关明生便向马云建议，希望马云等创始团队成员根据自己犯过的错误来决定弘扬什么、反对什么，并督促他们把使命、目标和价值观梳理成具体的文字。

在关明生到来之前，马云和创始团队成员虽然一直在向员工传递企业的使命、目标和价值观，但从来没有把这些东西形成文字，关明生的建议提醒了马云。当天，马云便把彭蕾、金建杭、吴炯三人召集到办公室，5个人开始一起提炼阿里巴巴最核心、最不能丢的东西——使命、目标和价值观。

当天，马云等人把创业的所有感受、教训、血泪都写在纸条上，贴了整整一面墙，然后从其中挑选出20多条，最后精简到9条。这就是阿里巴巴价值观最早的"独孤九剑"：创新、激情、开放、教学相长、群策群力、质量、专注、服务与尊重、简易。

作为一个组织，阿里巴巴矢志不渝坚持的终点就是：让天下没有难做的生意，这也是阿里巴巴的企业使命。

马云曾这样评价"独孤九剑"："没有这9条，我们活不下来。有的公司企业文化是尔虞我诈，搞办公室政治。我告诉新来的同事，谁违背这9条，立即走人，没有别的话说。只有在这种环境下，我们才能拥有良好的工作气氛。"

随着阿里巴巴的发展壮大，之前提出的"独孤九剑"逐渐不再适用。2004年，"独孤九剑"被精简为六大价值观，迭代为"六脉神剑"：客户第一、团队合作、拥抱变化、诚信、激情、敬业（如图1-1所示）。[①]

[①] 2019年9月10日，阿里巴巴全面升级了使命、愿景和价值观，宣布了"新六脉神剑"。"新六脉神剑"为：客户第一，员工第二，股东第三；因为信任，所以简单；唯一不变的是变化；今天最好的表现是明天最低的要求；此时此刻，非我莫属；认真生活，快乐工作。——编者注

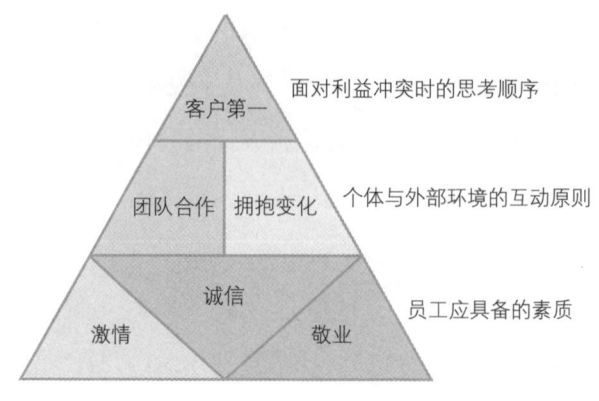

图1-1 阿里巴巴的"六脉神剑"

针对这六大价值观,阿里巴巴给出了明确的解读,使其成为员工都能理解并遵从的行动指南。客户第一,即客户是衣食父母;团队合作,即共享共担,平凡人做非凡事;拥抱变化,即迎接变化,勇于创新;诚信,即诚实正直,言行坦荡;激情,即乐观向上,永不放弃;敬业,即专业执着,精益求精。

阿里巴巴对企业文化的重视是超乎寻常的,外界很多人都以为阿里铁军是以利益为上,但事实并非如此。

马云说过一句话:"销售人员出去时不要盯着客户口袋里的5元钱,你们应该帮助客户把口袋里的5元钱变成50元钱,然后再从中拿出5元钱。如果你把5元钱都拿来,他可能就完了,然后你再去找新的客户,那是骗钱。**帮助客户成功是销售人员的使命。**"

每一个新加入阿里铁军的成员都要接受入职培训,阿里巴巴把入职培训称作"百年大计",培训内容主要有三个部分:价值观、产品知识和销售技能。排在第一位的就是价值观培训。阿里巴巴的价值观不仅仅会出现在"百年大计"的课堂上，还会被持续进行考核，而且在考核中，价值观与业绩的比重各占50%。

2016年，马云在一次演讲中这样回顾阿里巴巴的价值观考核："价值观不是虚无缥缈的东西，是需要考核的；不考核，这个价值观就没用。企业文化是考核出来的，如果你的企业文化是贴在墙上的，你也不知道怎么考核，全是瞎扯。我们十多年来每个季度都考核价值观，我们的业绩和价值观是一起考核的。每年的年终奖、晋升都要和价值观挂钩。你业绩好，价值观不行，是不能被晋升的；你热爱公司，你因为帮助别人，自己业绩没有完成，那也不行。只有这两个都做好了才行。这是一整套考核机制。"

通过"百年大计"的培训和日常考核中的"植入"，价值观使阿里铁军成为一个有灵魂的团队，这也是阿里铁军能够在后来的征程中取得辉煌战绩的最佳武器。

超强执行力来自对规则的坚守

相信绝大多数公司会在年会、月会、周会上提出下一阶段的业绩目标。树目标本身是一个好动作,但这些目标到最后能否全部实现,才是问题的关键所在。很多公司在树目标的时候总是踌躇满志,可是到最后出结果的时候却大多黯然神伤。公司在战略上提出目标,最终没有完成的主要原因,就在于目标层层下达到基层后没有得到有效的执行。

执行力是很多企业面临的一个难题,就连比尔·盖茨也曾坦言,"微软在未来 10 年内,所面临的挑战就是执行力"。执行力差归根结底就是规则、规章、制度执行得不够严格。

阿里铁军的执行力非常强,强到基本可以做到指哪儿打哪儿。

很多企业都有一些红线、黄线是不能触碰的，碰到了就会有相应的惩罚。阿里巴巴有一条线叫"高压线"，可以毫不夸张地说，只要碰到"高压线"，就意味着离开。阿里巴巴的"高压线"包括不能有虚假拜访，不能考试作弊，等等，甚至在其他很多公司早就司空见惯的事情，在阿里巴巴也是绝对不允许出现的。"高压线"设置出来，就是要告诉全公司的人，这条线是绝对不能触碰的。

阿里巴巴中西部大区曾有一位区域经理，在虚假报销上触到了"高压线"。他并没有陪访客户，却报销了100多元的车费。有员工进行了实名举报，当时负责该区域的大区经理开始彻查此事。在得到相关确凿证据之后，请示了当时阿里铁军的负责人戴珊，最终决定辞退这位区域经理。

这位区域经理是工号100多号的员工，资格非常老，而大区经理作为外聘人员进入阿里巴巴，是7899号员工。当时，这位区域经理的反应很强烈：就算虚假报销是真的，但金额只有100多元，可以免掉自己的职务，为什么非要辞退？

当时，铁军里只有三四十个区域经理，而且这位区域经理的业绩也一直不错。当天下午，时任执行副总裁的卫哲来电话说，身在日本的马云也获知了此事。但了解了情况之后，马云并没有做任何干预，最终这件事维持了最初的裁决。

没有规矩，不成方圆。规则不执行，就会后患无穷。不仅会影响到规章制度的权威性，还会让公司在员工心目中失去信誉，引起企业内部纪律涣散、员工不团结等问题。由此而引发的一系列后果，有的很可能是公司不能承受的。正如破窗效应所说，如果有人破坏了一幢建筑物的窗户，而这扇窗户又得不到及时维修，那么就会有更多的人受到某些示范性的纵容去破坏更多的窗户。

企业制度的执行虽然不比练兵，但也容不得一丝马虎。要提高公司执行力，就需要坚决执行上级的命令，这当然也包括在出现问题的时候严格按照公司制度处理。另外，如果能够在管理工作中做到防患于未然（如图1-2所示），同样是对企业制度的强力坚守。

图1-2　管理工作中的防范机制

认真检查

管理者要经常检查团队成员的工作记录、工作状态，发现问题及时纠正，在最大限度上避免他们触犯公司的某些规章制度。另外，管理者在检查的过程中也要反复强调规则，让员工意识到公司对制度的重视和坚守，以便让他们内心深处对规则更加敬畏。

经常培训

　　员工培训不仅要培训销售技能，而且要培训规章制度。规则是写在纸上的，员工看了以后会有自己的理解，难保不会理解偏差，即使理解得正确也未必能牢记在心。习惯的养成不是一朝一夕的事，所以要用规则熏陶员工，潜移默化地让规则真正成为他们做事的守则。

要求细化

　　有的公司对销售人员采取"放养"：只要能完成业绩，用什么方法都可以。这种方式虽然对业绩的提高有一定的促进作用，但长久来看，我认为弊大于利。因为这种做法虽然能够让一小部分自律且勤于思考的员工充分发挥自己的特长，不必在自己不擅长的方面浪费太多时间，但是由于没有监督和管理，也会让他们在采取了错误方式的时候不自知。更严重的是，还会造成很多员工完不成业绩，因为有一部分员工是必须在别人的指导下才能完成任务的，如果不对他们做具体要求，他们就可能什么也做不好。而且，这样做还会给一部分不自觉的员工弄虚作假、蒙骗管理者提供机会。

　　所以，管理者一定要提出细致的要求，比如，精细到每天的拜访量是多少，拜访记录必须有多少个字……每一个小环节不出错，就基本不会出现大问题。

适当鼓励

管理者不能太小气，不要吝惜自己的赞美，不要舍不得给员工奖励，不要阻碍员工进入合理的晋升通道。

我的团队里曾有一名新员工，来了两个多月都没签单，但我还是在开会的时候表扬了他。他的拜访记录做得特别好，别人都写20个字，他至少写了100个字，能让管理者通过他的拜访记录就判断出他在见客户的哪个环节上出现问题，是没见到关键人、资料准备不充分，还是谈判技巧不到位，然后管理者就能针对性地给予辅导。不到三个月，他的业绩果然有了起色，从之前的零签单到签两三单，拜访记录越写越细致，有效签单也越来越多。

除了口头表扬，还要适当地给予员工物质鼓励。比如，设立奖励制度，即使业绩不够出色，只要认真遵守制度，也可以拿到少量奖金。很多公司的全勤奖就属于这个性质。这不仅表现出管理者的大气，同时也给了员工一种信号：自己并不是一无是处。

鼓励守规则的员工的意义，在于让他们知道什么是对的、什么是错的，也能让旁观者看到，犯错误后的处理方式虽然严格，但是公司平时是在帮助员工规避错误的，从而体现出公司在管理方面的人情味。这样不仅能保证制度的权威性，更能间接提升团队向心力，从而让团队的工作效率得到迅速提升。

马云说过："管理是盯出来的，技能是练出来的，办法是想出来的，潜力是逼出来的。"管理者要刚柔并济。销售人员能力不足，可以给他提升的时间和空间，但如果犯了错误，就绝不能姑息。阿里巴巴发展到现在有超过 25 万名员工，但公司始终秩序井然，靠的就是对规则的强力坚守。

可复制的销售铁军

2000年，阿里铁军开始建立，最早的一批开拓者带着满腔热情投入了一个未知的行业，凭着机遇改变命运的冲劲儿，克服了物质条件的约束，克服了互联网泡沫，造就了阿里铁军的神话。

如果将阿里铁军的发展比喻成一场考试，那么大众所能看见的或许只是他们最后取得的成绩，但他们解答每一道题的过程，也就是他们的成绩是如何得来的，却是几乎无法窥见的，而这正是大众对阿里铁军既疑惑又好奇的地方。

如果大家能够穿越到2000年的阿里巴巴去看一看、去感受一下，或许就会解开心中的这个疑惑，就会明白为什么阿里铁军能够成为那样一支传奇般的队伍。

很多人认为阿里铁军创造了几乎前无古人的战绩，后来人难以望其项背，但是作为一名出身阿里铁军的销售人员，同时也是一名中供系的管理者，我并不这样认为。我可以负责任地告诉大家：**阿里铁军创造的成就，别人也可以创造，因为阿里铁军是可以复制的。**

从2001年进入阿里巴巴开始，在日复一日的工作中，我只做了两件事：奋斗和思考。在持续不断的思考中，我发现了隐藏在阿里铁军团队成员满腔热忱、闻鸡起舞背后的决定性因素，这些因素可以构成一套完整的系统。这个系统就像一个数学公式，只要代入相应的数值，就能成功计算出想要的结果，无论代入的数值是出自阿里巴巴还是出自其他企业。

换句话说，只要整理出阿里巴巴打造阿里铁军团队过程中的要点，移植到其他企业的销售管理工作当中，就有可能成功复制阿里铁军（参见图1-3）。

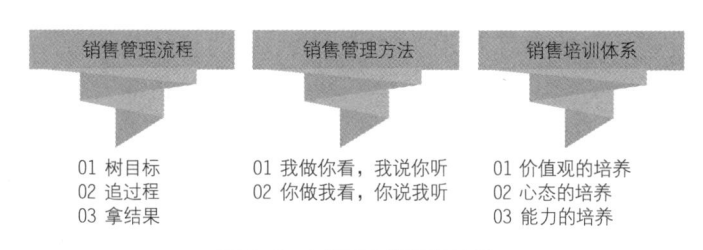

销售管理流程	销售管理方法	销售培训体系
01 树目标 02 追过程 03 拿结果	01 我做你看，我说你听 02 你做我看，你说我听	01 价值观的培养 02 心态的培养 03 能力的培养

图1-3 复制阿里铁军的流程

可复制的销售管理流程

阿里铁军的管理者通常把销售管理流程分为三个步骤：树目

标、追过程和拿结果，每一个步骤都有对应的具体操作方法。

1. 树目标

每家公司都会在年会上由公司负责人提出新一年的愿景和展望，在接下来的季度会议、月度会议、周会议上，管理人员就会带领销售人员根据年度目标树立一个个具体的小目标。虽然这项工作几乎每家公司都在做，却很少有公司能完成目标，能像阿里铁军这样高效率完成的更是少之又少。

很多人错误地把树目标看作销售工作开始前的准备阶段，这种观点是不合理的。其实，树目标本身就是销售工作的第一步，而合理的目标更是销售工作成功的内在驱动力和重要保障。无论是目标不明确还是没有目标，无论是目标太过安于现状还是好高骛远，都有可能在斗志、心理状态及工作方法等各个方面，给销售人员带来负面影响。

阿里铁军的管理者通常会根据销售人员具体的能力水平和客户资源的整体状况，帮助他们制定销售目标。同时也会运用数据管理工具，分析销售人员的能力模型，从而将目标细化到各个销售环节当中。

虽然当时数据管理工具还只是互联网企业的专属配置，但现在所有的企业基本已经开始进行数据化管理了，销售人员的销售数据和客户资料都会被一一记录在案。只要管理者学会分析这些数据，完成阿里铁军式的树目标管理并非难事。

2. 追过程

在管理者带领销售人员向既定的美好目标努力前进的时候，

往往会发现销售工作就像西天取经一样，要经历无数艰难险阻。所以，如果想要取得真经，就需要我们在"取经"的过程中认真走好每天的路，努力打败每一个拦路的"妖怪"。

阿里铁军的管理者对过程的把控非常严格和细致。在整个销售过程中，管理者会将自己的调查客户资料、制订销售方案、讲解产品价值、消除客户隐忧等工作经验和方法传授给销售人员，加强他们的沟通能力和主动出击的积极性，并严格监督他们执行，几乎做到了事无巨细。

其实关于过程管控的工作，并不是阿里铁军管理者的专利，其他公司的管理者也一直在做这件事，但关键的差距就在于管控过程中的细致程度。只要管理者不断提升自己的管理能力，将管理工作更加细致有序地进行下去，那么让自己的管控水平达到阿里铁军的标准就不会太难。

3. 拿结果

在阿里铁军的销售理念中，结果是通过过程的努力自然而然得来的。虽然这个结果不会因个人意志而改变，却可以通过日常管理得以促进，并提高过程的质量，从而加速企业、管理者、销售人员得到想要的结果。

阿里巴巴式的日常管理也分为三个步骤：早启动，晚分享，中间抓陪访。"早启动"通常用来细化目标，指导一天的工作；"晚分享"则是对一天工作的总结，还会对工作中遇到的问题进行处理。其实，这两步就是大多数企业中都很常见的早会和晚会。同样常见的还有陪访这个中间环节，在任何拥有销售业务的企业中，管理者跟随销售人员一起拜访客户，也是工作内容的一个重要环节。

阿里铁军之所以能够应用这种很普通的日常管理机制，达到出类拔萃的效果，只是因为在早晚会议中更加强调内容，而不是单纯激发情绪；在陪访中更加注重提升销售人员的能力，而不是单纯为了直接签单。既然在其他企业中，这些环节都是已经存在的规则，只是相对不够合理，那么只要稍加改造，同样可以达到阿里铁军式的结果。

总而言之，阿里铁军的销售管理流程和普通企业的并无二致，没有什么特殊的门道，只是把所有人都在做的工作做到了极致而已。同样作为管理者，阿里铁军能做到的事情你也可以做到。

我离开阿里巴巴之后，作为首席运营官入职上海森融网络科技有限公司旗下的三体云动。我上任后的第一件事，就是改革当时正在使用的销售管理流程。我召集了所有基层的管理者，把我在阿里铁军中学到的这种管理流程和管理方法传授给了他们。经过一段时间的应用，从数据报表来看，销售团队的整体业绩得到了很大的提升，新人出单率达到了75%。

虽然受限于公司规模、产品特点以及其他不可抗因素的影响，这次对阿里铁军管理流程的复制没有达到阿里铁军的高度，但也足以说明阿里铁军可以复制的这一观点是正确的。

可复制的销售管理方法

虽然我们已经明确了阿里铁军的销售管理流程是可以复制的，但仅凭这一点，相信还不能说服所有人都认可阿里铁军可以复制这个观点。因为在大众心目中，能够成为行业顶尖的企业一定有自己秘而不宣的特殊管理方法。那么，事实果真如此吗？作为一名在阿里巴巴工作了将近10年的老员工，我可以确切地告诉大家，我们确实有一套自己的具体方法，但这套方法没有多么神秘，也不是外人无法学习和掌握的。

这套所谓的具体方法，被李琪、王刚及陈国环等管理者总结成16个字：我做你看，我说你听；你做我看，你说我听。无论是在前期客户资料查找的准备阶段，还是陪访的中间阶段，抑或是签单的最后阶段，阿里铁军的管理者都以这"16字法则"为宗旨对销售人员进行指导。

所谓"16字法则"听上去高深莫测，实际上却是朴实又实用的具体方法。"我做你看，我说你听"指的是管理者通过亲身示范，教给销售人员具体的技巧；"你做我看，你说我听"指的则是管理者通过观察销售人员的工作过程，发现他们的疏漏和缺陷，并及时予以纠正。

像这样简单的方法，只要管理者肯用心，在短时间内就完全可以掌握。虽然在具体的细节处理上可能和经验丰富的阿里铁军管理者还存在一定差距，但只要养成使用这种方法的习惯，随着应用经验的增加，一定会达到打造自己的阿里式销售铁军团队的水平。

可复制的销售培训体系

阿里铁军之所以能够成为业界神话，除了系统的管理流程和有效的管理方法，销售人员自身的超强能力与拼搏精神也是重要原因之一。离开阿里巴巴之后，我一直致力于推广阿里巴巴先进的管理体系。在这个过程中，我已经不止一次听到各种反对的声音，其中一种说法是：现在的企业已经找不到像过去一样，愿意为理想和愿景付出不懈努力的销售人员了。

其实顶尖的销售人员并不是天生的，而是企业经过系统的培训和有计划的指导培养出来的。据我了解，阿里铁军的销售人员，很多并不是因为意气相投才加入阿里巴巴，反而是因为走投无路才选择了从事销售行业，我自己就是这样。加入阿里巴巴之后，通过公司的培训，大家才逐步提升了销售能力和认知水平。所以只要掌握了方法，现在的企业同样能够培养出优秀的销售人才。

阿里铁军培养销售人员的方法非常简单，主要分为三个环节：第一，价值观的培养；第二，心态的培养；第三，能力的培养。所谓价值观的培养，其实就是管理者在入职培训中都会进行的企业文化认知培训，目的是让员工认可企业的产品、经营方式等具有价值观导向的事物；心态的培养就是想办法消除销售人员在工作中产生的不敢、不愿等消极情绪，激发他们的自驱力；能力的培养其实就是管理者帮助销售人员处理工作过程中出现的问题，通过答疑解惑，提高他们的销售知识和销售技能。

这些工作，相信其他企业的管理者在自己的工作中也经常涉及，只是有时候会疏忽其中的一两个要点。所以，只要管理者用心去做，阿里铁军的销售培训方法也不是不能复制。

　　作为一家企业的管理者，如果你在自己的公司或团队里已经重现了阿里铁军式的销售管理流程、销售管理方法以及销售人员培养体系，却还是不相信能够复制出一个属于自己的销售铁军团队，那么只能说还缺少一个决定性的因素，那就是作为管理者的你自身的信心。

[**本章小结**]

阿里巴巴"六脉神剑"

- 客户第一：面对利益冲突时的思考顺序。
- 团队合作 + 拥抱变化：个体与外部环境的互动原则。
- 激情 + 诚信 + 敬业：员工应具备的素质。

阿里铁军可以复制

- 销售管理流程：树目标，追过程，拿结果。
- 销售管理方法（"16 字法则"）：我做你看，我说你听；你做我看，你说我听。
- 销售培训体系：价值观的培养，心态的培养，能力的培养。

第二章

树目标：
有了目标，才有努力奋斗的方向

作为企业负责销售的管理者，我相信大家每天都很忙。但是，大家在百忙之中是否思考过一个问题：你们的"忙"是竖心旁的"忙"，还是目字底的"盲"，或者是草字头的"茫"呢？真正的忙应该是有目标的忙，否则一切就等于白忙。所以，能否做到有精准目标的忙，直接决定了销售工作的结果。正如管理大师彼得·德鲁克所言："企业的使命和任务，必须转化为目标。"

管好团队每一天的小目标

　　现在的很多管理者都是这样进行管理工作的：他们会给团队的销售人员极大的"自由"，因为他们不管过程，只问结果。在我看来，这种管理模式并不适用于销售。销售不是一般的工作，有些工作可以让工作人员自由发挥，充分施展，即使出现错误也能及时挽回。而销售工作有自己的模式，如果在销售过程中出现了问题，就会直接造成不能成交的结果，事后再亡羊补牢，也多半于事无补。

　　退一步讲，在销售过程中如果没有一个精准的目标，即使不出现问题，销售人员也很难认清客户的属性，不知道什么样的客户能成交，什么样的客户应该放弃。这样就有可能导致把大量的时间浪费在了不能成交的客户身上，结果四处碰壁。要知道，销售工作的容错率是很低的，长此以往，会导致销售人员的流失。而这些结果，都跟管理者有着直接关系。

管理者应该在每一个环节管控销售人员，细化到销售人员工作的每一天。因为，提升团队效率对管理者来说是非常重要的一件事，而团队效率提升的基本规律就是量变累积到质变。

具体一点说，大家知道企业是有固定成本的，我们先假设聘用一个销售人员每个月的固定成本是6000元，那么他一个月做10万元业绩和做15万元业绩，对团队业绩来说是有影响的，而团队业绩的多少则决定了企业利润增长的速度。

这就是我一直提到的概念：从量变到质变，质变影响团队的效率，团队效率决定团队最终业绩，而团队的业绩又决定了企业边际利润的增长速度。

在阿里巴巴，一名高级主管和一名普通主管的区别是非常大的。比如，同样是带10个人的销售团队，享受公司同样的资源，但是一名普通主管一个月只能带团队做到50万元的业绩，一名优秀的主管则能带团队做到300万元，而高级主管有时候能带团队做到2000万元。从50万元到2000万元，可谓天差地别。那么，具体到每一名销售人员身上我们会发现，50万元的团队里很有可能会有零业绩的销售人员，也有三五万元，或者十万八万元业绩的销售人员；300万元的团队里，十几万元、几十万元业绩的销售人员都有，做得好的或许还能上百万元；

再来看 2000 万元的团队，可能有做了十几万元的销售人员，但还可能有做到 1000 万元的销售人员。体现在每名销售人员身上的这种差距跟管理者的水平一定是密切相关的。

"管"的境界决定了团队的工作结果。如果一家公司的首席执行官认识到了这一点，就能认识到提高销售主管、经理、总监的管理能力是多么至关重要。如果把一个团队比作一个人，那么管理者就相当于人的大脑，每一名销售人员则相当于这个人身体的各个部位。这个人想要去跑马拉松、去爬山，能够跑多远爬多高，取决于腿部、腰部这些身体部位的力量，而这些肢体力量的获得是靠大脑制定出目标，有意识地锻炼得到的。

所以，管理者最重要的是要搞清楚到底管的是什么，每一天管的目标是什么，我把这叫作有目标的管，而这个目标要具体到每一天每一名具体的销售人员。

目标管理技巧

总的来说，管理者在对销售人员的业绩目标进行管理的时候，要在以下几个方面严格把关（见图 2-1）。

01	02	03	04	05
保护客户资源	转化客户资源	评估有效拜访	预防客户冲突	客户管理体系

图 2-1　管理者的目标管理技巧

1. 建立客户资源保护机制

大家都知道，销售工作的一个特点是"铁打的营盘流水的兵"。因此，我们一定要建立一套"兵走，客户不能带走"的客户资源保护机制。客户对企业来讲是有可能变现的资产，如果不管控起来，将会加大工作成本，甚至为他人作嫁衣。

2. 建立客户资源转化成资产的管理手段

让客户资源最大限度地转化成资产，是管理者应该树立的目标，也是一种必要的手段。比如，销售人员张三离职了，李四接手了张三的客户资源，但由于张三开发出客户之后没有做出太多的记录，所以当李四拿到资源以后，除了能看到客户的基本信息，对客户的其他资料基本一无所知。张三离职留下一地鸡毛，让接手的李四一筹莫展。

在这种情况下，即使张三没有离职，那么随着他开发的客户数量越来越多，如果不对客户资料做详细的记录，也极有可能会像猴子掰苞米一样，把前面的客户信息都遗忘了。反过来，如果从张三第一天工作开始，管理者就要求他详细记录每一个客户的信息，记录每一次拜访的日期和内容，并把这些记录保存下来，那么这些资料不仅会让他自己受益，也会让继任者受益。

3. 建立企业对销售团队有效拜访的评估依据

有效拜访对销售业绩的达成是至关重要的一环。管理者通过销售人员的拜访记录，可以对他们每天面对的客户是不是一个好客户、一个有需求的客户、一个潜在客户做考察、评审和判断，因此，拜访记录是销售人员能否成功签单的重要依据。

4. 建立预防客户冲突的有效管理机制

什么叫客户冲突？举例来说，同样一个客户，张三先去拜访了，李四也去拜访了，这时候就有了冲突，一旦成交，业绩应该是谁的呢？处理不好，很容易影响员工士气，还会产生内部矛盾，不利于团队建设。所以，建立预防客户冲突的有效管理机制十分有必要。按照这个机制，如果张三拜访客户后进行了记录，当冲突发生后，销售主管就可以通过张三拜访记录的描述评估立刻得出结论：张三真的上门拜访了，达成了有效拜访，李四的拜访是无效的。

5. 建立拜访制度系统化、数据化的客户管理体系

每家公司都有拜访制度，拜访之后的信息不能置之不理，必须进行系统化、数据化管理。销售人员今天上门拜访了几家客户？有效的新客户有几家？这些拜访的判断依据就在公司的管理系统里。比如，公司的管理者对销售人员提出的要求是每天必须拜访三家客户，某一天管理者要对销售人员进行管控，查看销售人员当天拜访的三家客户是不是有效拜访。如果是无效拜访，就要研究出无效拜访的原因是什么。管理者还可以根据拜访记录来判断销售人员的工作态度和工作效率，并记录下来，最终建成数据化拜访制度的管理体系。

管理者对销售人员的管控方法

在上课的时候，学员听我讲到这儿就会问："贺老师，你讲了这么多关于管控的要点，那具体来说，我们该怎么去管、怎么去控呢？"其实这并不难，我给大家总结了以下三点。

1. 每天检查

管理者应该每天检查销售人员的工作，甚至可以具体到销售人员的每一个工作记录。比如，我们可以通过检查销售人员的拜访记录，及时发现他们在工作中存在的一些问题，然后帮助他们及时解决。如果没能及时检查这项工作，就有可能导致销售人员在工作中出现的问题得不到解决，从而影响他们的工作效率。所以，这项工作如果一天没做，就等于失职。

2. 用心了解

管理者不仅要在工作系统里检查销售人员的工作，也要了解团队成员每天的工作收获和想法，同时还要帮助他们，这也是帮助自己做好管理改进计划和辅导计划。这项工作除了在晚会上完成，还可以通过交谈，让销售人员自行分析、描述，然后对他们进行引导。如果有销售人员说今天拜访了很多家客户，却说不清客户的实质性特点，所以拜访记录很简单，那就说明这名销售人员的工作方式一定存在某些问题。到底是思路问题还是工作方法的问题，管理者一定要帮助他们进行分析和研究，抽丝剥茧，理出真相，从而达到对他们的实质性辅导，进而帮助他们改进工作。

3. 做出判断

通过检查销售人员的拜访记录和描述，管理者就会有一个判断：这份拜访记录和销售人员的描述、自己的理解是否一致。比如，一名销售人员判断一个客户为B类客户，但我们通过他的拜访记录研判，发现他判断失误。这时候，我们就要用自己的能力和经验纠正他的这个错误，这对他的成长至关重要，因为改正错误获得的经验往往要深刻许多。

有了目标只是第一步，接下来我们还要把目标落到实处，我认为这个过程可以分三步走：第一，在工作中制定目标；第二，落实每一部分的工作究竟由谁负责；第三，工作中的数据要精确到每个月、每一周、每一天。

树目标不是某个销售人员每天要签成多少单，做出多少业绩，而是说我们作为一个管理者，要对整个团队有严格的把握、清晰的了解、精准的管理。阿里巴巴式销售管理的第一步，就是如何树真正的目标。这个目标不仅是自己的目标，更是团队成员的目标。管理者通过这些管控方法，督促员工自我管理，从而达到全程管控，继而轻松拿到我们想要的结果，所以，这种管理体系在阿里巴巴之外的任何企业、任何行业都能达到有效的成果。

当然，每家公司都有不同的管理模式，方法也不是一成不变的，管理者可以根据自己公司的情况制定出更多的管理目标，开发出更多的管理方法。如果能够在工作中做到知行合一，学以致用，那么这些方法在打造自己的阿里式销售铁军这条路上，就可以真正地帮助大家。

"金矿"就在客户资料中

在巴西等国家生活着一种叫白面粗尾猿的动物。白面粗尾猿的食谱包括几乎所有的水果、坚果、种子和昆虫，它们几乎不挑食。之所以敢什么都吃，是因为它们具有极强的消化能力，即使有毒的植物也不能伤害到它们。

我们很多销售人员也像白面粗尾猿一样，对客户信息照单全收，却不具备强大的"消化能力"。所以，作为管理者，我们一定要告诉销售人员，不能对客户资料来者不拒，这会耗费大量的工作成本，影响工作效率。

管理不能只关注结果，我们一定要管事情的进展，因为事情的进展决定了结果。销售人员每天做的工作到底能取得什么样的进展，最终达成什么样的结果，这些都跟业绩直接挂钩，也跟团队每一个人能创造的人效直接挂钩，更和团队每个月能创造的效益息息相关。

假设有两个销售人员，甲在一天内找到10个精准的客户资料，乙在一天内找到100个粗浅的客户资料。首先，他们花费的时间成本不一样，效率不一样；其次，产生的结果一定也不一样。没有策略、囫囵吞枣似的找到无数客户资料，无疑就像大海捞针一般，捞不到有效客户是很正常的。

所以，管理客户资料的精准度至关重要。很多传统的管理者之所以没有做出业绩，就是在客户资料的精准度上做得不够完美。

指导销售人员找到精准的客户资料

作为管理者，我们应该告诉销售人员从哪几个方面找到精准的客户资料呢？具体来说，可以从以下几个方面入手。

1. 明确客户画像

客户画像是对有可能使用自己产品的潜在客户进行清晰定位。有了这个画像，我们就能按图索骥，用不同方法找到他们。具体来说，首先要把客户画像画出来，推测一下，这个客户可能会出现在哪些地方，这个客户是哪个行业的客户，这个客户是不是这个行业的前10名，等等。如果要找这个行业的前20名或者前50名客户，可以到行业协会去看看行业目录。

假如公司的一个订单是50万元，我们要对标我们的画像客户,当然要去找付得起这么多钱的客户。如果我们跟行业的第三名达成了合作,我们就可以跟第一名、第二名、第四名和第五名说:"你看,第三名买了我的产品后,效果非常好。"这样一来,我们就有很大机会把他们都签下来。当把前几名搞定之后,后面的第七名、第八名自然也很有希望。因为只要竞争关系存在,谁都想当前几名。

另外,我们还要提醒销售人员,一定要考虑客户的购买能力。如果我们的产品是针对企业的,产品费用在5万元以上甚至更高,那么在给客户画像的时候就要多了解一些对方的信息,可以直接到对方的公司官网上去查询。如果一家公司连官网都没有,那么我们就有必要告诉销售人员,可以重新寻找客户了。

2. 关注同行网站

一个买了奔驰的人,也可能是宝马的用户;一个买了房子的人,很可能也是装修建材商的客户。也就是说,一个客户使用了竞争对手的产品,购买了竞争对手的服务,这个客户很可能就是一个好客户。所以,与其引导销售人员在其他领域寻找客户,不如让他们多关注竞争对手的网站,那上面一定有很多已经跟他们合作或者有意向跟他们合作的客户的资料。这些客户都是优质的潜在客户,找到他们,销售人员的工作往往事半功倍。

3. 定位买单人

在销售人员寻找精准客户的时候,我们还要注意一点,那就是一定要告诉他们在第一时间找到买单人。比如在面对一家企业的时候,我们要告诉销售人员不要把时间浪费在搞定主管或经理上，而应该想办法找到企业的负责人。如果你把时间和精力都用在了不是最后拍板的那个人或那些人身上，搞定了主管，又去搞定经理，搞定了经理，又去搞定总监，历尽艰辛走过九曲十八弯，可最后却被告知：这件事需要我们负责人签字。那么在这之前你所做的所有努力都有可能化为泡影，因为负责人有一票否决权，你的成功率只有50%，甚至更少。所以，我们要告诉销售人员，找到精准客户只是第一步，定位买单人才是关键所在。

这时候或许有人会提出疑问：有时候，虽然在拜访的时候没有见到买单人，但是对方却对我的产品非常感兴趣，这样的人是不是精准客户呢？我的回答是肯定的。如果我们在了解的过程中发现，客户已经在使用我们同行的产品，或者对我们的产品反馈很积极，虽然接待你的人不是最后买单人，但在这家企业也属于管理层，那么对方很有可能就是我们要找的精准客户。

反过来，如果客户对我们的产品非常感兴趣，但是没有买单能力，那么我们暂时也不要把他当作精准客户。因为他不可能贷款来买你的产品，当然如果你能说服他贷款来买则另当别论。

总之，作为管理者，我们首先要做到对销售人员进行精准指导，这样团队成员才能精准地找到目标客户，而不是盲目收集资料，盲目拜访客户。要知道，如果开始时盲目，接下来就都是迷途，很难有收获。

管控销售人员的有效客户资料数量

除了质量，有效客户资料的数量也很重要。销售人员工作效率的高低，在很大程度上取决于管理者在销售过程中对有效资料数量的把控。

那么，我们该怎么管控好团队成员的有效客户资料数量呢？

1. 理解为什么去管

人才成长有一个大致的规律，那就是：优秀的人大多会越来越优秀，平庸的人则大多会越来越碌碌无为。但不可否认的是，即使再优秀的销售人员，其惰性也难免会偶尔出来作祟，所以作为管理者，我们的管控不仅是为了让他们改进工作方法，也是用引导控制的手段帮助他们改变一些不良习惯，激发他们的工作潜力，促使他们完成蜕变。

大多数销售人员都有惰性，比如，"今天这个客户可以见，也可以不见，我今天还有其他事情，要不就不去见了吧"。一旦有了这种心态，如果不及时调整，明天还会抱着这种心态，长此以往，业绩就会一落千丈。

> 我在杭州做主管时带了一个销售新人。有一次下雨天我们出去，我做他的陪访，陪访完之后，已经是下午三四点钟了。当时他只拜访了4家客户，公司要求一天拜访8家。
>
> 因为下着雨，我问他："拜访量没完成怎么办，还差4家客户呢？"我知道他一直想做"拜访王"，为了测试他的勤奋度和潜能，训练他的逆商，我接着问："要不要挑战一下自己的拜访量，再多拜访8家客户。现在我们去'陌拜'，看看能不能'陌拜'出一些好客户。"他痛快地答应道："好，坚决完成任务。"

晚上9点半,他回到公司,兴奋地和我说:"老大,我今天超额完成任务,还开发出来一些好客户。"后来这个销售一直做得很好,一路做到主管、经理。

2. 确定目标数量,要求必须完成

必须确定目标数量,要求所有团队成员必须恪守,这一点到任何时候都不能更改。只要你一松懈,你的团队就会立刻在有效客户资料的收集数量上出现问题。只要出问题,就会影响到销售人员进行电话拜访的质量,进而影响电话拜访成功的概率。所以,要确定目标数量,更要严格执行。

随时解决销售人员遇到的问题

言及于此,或许有人会说:"贺老师,我们也都知道管控的重要性,可是在管控的过程中难免会出现一些问题,比如,销售人员达不成预定数量,不认真执行目标要求,或者质量不过关,遇到这些情况该怎么办呢?"下面我就来给大家解答这些问题。

1. 没有达成预定数量怎么办?

销售人员没有完成规定的客户资料的收集,除了自身原因,很大一部分原因在于管理者的监管不到位。

由于工作方法和能力的差别,团队里的每个人在收集有效客户资料的数量上都是不一样的。有人可能要收集50个资料才能打出3个有效电话,有人收集10个资料就能打出3个有效电话。假如你对团队的要求就是每天至少有3个有效的预约数,那么你

就要根据团队成员的不同情况因人而异地去管控资料数量的收集过程。一方面要让团队成员根据自己的目标数量去完成，另一方面要监管到位，从早上上班开始到晚上下班之前，各个时间段、各个环节，你都要进行监督，管控团队成员是否严格执行目标任务。只要监管到位，就没有完不成任务的员工。

2. 遇到执行困难怎么办？

还有一些销售人员在执行任务的时候会出状况，比如对陌生拜访有抵触，这时你就可以陪着他一起去，你去拜访，做给他看。每一个做管理的人都应该有这种意识，即把自己的经验分享给自己的团队成员。比如，你之前是怎么一天搞定10个有效客户的，一个月是怎样完成既定任务的3倍的。在你手把手把这些方法和经验传授给他们之后，你不仅帮助了他们，最终也成就了自己。

3. 客户资料质量不行怎么办？

有的销售人员可以很好地完成目标数量，但是质量却不过关。这时候我们就要检查他收集的资料，分析一下他哪里做得不到位：是找不到关键人，还是找到了关键人却不知道怎么做电话拜访，或者说在流程上哪个环节出了问题。发现问题症结之后，我们就利用"16字法则"去引导他、帮助他，一起达到质量上的改进。

每一家公司的销售主管或者销售经理都应该积极解决上述问题。在这个管控过程中，管控得好，结果就好，管控得不好，结果就不好，这是一个相辅相成的关系，也是我关于如何有效管控团队、有效收集资料的积极分享。

对客户资料的管控一般都是通过销售主管或销售经理来完成的,这个管控过程的好与坏基本决定了团队结果的好与坏。所以,管理者一定要想方设法在客户资料这座"金矿"中挖到有效信息,帮助团队成员达成签单的目标。

心软和散漫是团队业绩的天敌

很多学员跟我反映过一个问题：他们在实际的销售管理工作中，没办法把团队每个月的业绩维持在一个稳定的水平，业绩总是忽上忽下，这个月很高，下个月或许就会很低。其实造成这种现象的主要原因还是在于管理者。

管理者施行的这种管理方法大多属于随波逐流型，认为签单多少跟运气有很大关系。这就会导致团队成员也产生一种凭运气的观念，总觉得如果自己运气好，业绩一定会不错，如果业绩不理想则会归结于运气太差。久而久之，业绩自然会不稳定，而且很有可能越来越差。说到底，这都是管理没有到位。

管理者对团队业绩及每个人的业绩变化必须做到心中有数、

手中有法。因为无论是个人业绩增长还是团队业绩增长，都和管理者的掌控力分不开，而掌控力的关键就是对有效新客户的管理。

普通销售人员的工作误区

一名普通的销售人员每个月可能只能成交一两单，而很多优秀甚至顶尖的销售人员却能成交10单甚至几十单，除了销售人员自身的能力因素，和管理者的管理也是密不可分的。也就是说，普通销售人员在开发客户的时候，管理者没有让他们深刻认识到"有效"这个词的重要性，所以导致他们在工作中普遍存在以下误区。

1. 把非有效客户当成有效新客户

首先，我们来对有效新客户做一个清晰的定义：他有需求，有预算，并且是买单人，满足了这三点要求，才算是真正的有效新客户。但是，许多销售人员只看到了其中两点甚至只看到了一点，就以为找到了有效新客户，最后只能黯然神伤。

比如，看到一家公司有需求，而且公司规模也很大，销售人员就以为这是一个有效新客户，其实这只能算一个新客户，如果想把它变成有效新客户，就必须见到真正的买单人。

2. 约谈过程中盲目介绍

有一些销售人员在见到关键人物后，就会一股脑地把自己背得滚瓜烂熟的销售话术倒出来，结果说了半天也没说出客户所关注的点，没有讲清楚自己的产品与其他产品之间有什么区别。这样的销售人员每天看起来都很忙，但实际的成交量却少得可怜。

作为管理者，我们应该告诉他们，见到真正的关键人之后，应该在沟通中一步一步对客户进行了解，了解客户为什么会对我们的产品有兴趣，是听说竞争对手使用了我们的产品取得了效果，还是通过广告或朋友的介绍知道的。接下来，如果听出客户有意愿、有预算，那么就要在沟通中进一步了解，我们的产品在哪些方面吸引了他，他顾虑的是什么等一些细节问题。所谓"知彼知己，百战不殆"，在我们清晰了解了客户的所思所想之后，自然可以根据他的实际情况来调整接下来的沟通内容。这些都做好之后，离签单也就不远了。

3. 执着于非有效客户

过去的管理经验告诉我，95%的销售人员都会犯一个错误：把大量时间花费在上个月开发的自认为不错的客户身上。一般情况下，销售人员已经和这些客户在电话里聊了好多次，上门也可能三四次了，锲而不舍地在他们身上浪费了大量的时间和精力，但还是不能把单签下来。等好不容易开发出了新客户，一个月已经过去了一大半，如果新客户可以很快谈下来还不错，可是如果不好谈，又耽误了一段时间，那么整个月的绩效基本就泡汤了。

出现这种情况，跟管理者的指导和监管不到位有很大关系。如果管理者对销售人员的监管比较到位，就会在第一时间发现他们的错误，从而提醒他们认清一个现实：如果花了这么多时间和精力还搞不定一个客户，那么这一单基本就没什么希望了，早点放弃才能早点开发新客户。

管理者对有效新客户的管控

帮助销售人员走出上面的几个误区很重要,但是,对管理者来说,更重要的是对团队成员每天开发的有效新客户进行有目的的管控。具体的管控方法如图2-2所示。

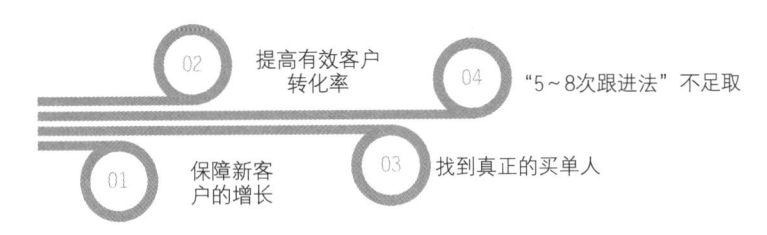

图2-2 管控有效新客户

1. 保障团队新客户的增长

作为管理者,我们应该对销售人员每天开发几家有效新客户有一个预期,并把这个预期目标化,然后告诉他:"**不管你今天有没有签单,也不管如何跟进之前的客户,我只有一个要求,那就是你要完成多少家有效新客户的收集。**"要想保障团队成员每天都有有效新客户的增长,管理者应该做到以下两点。

第一,精准定量,严格执行。

阿里巴巴对于有效新客户的增长是这样规定的:每名销售人员每天至少要拜访5个新客户。其他企业一般是2~3个,这个数量是较为合适的。如果每天都能增加3个有效新客户,一个月22个工作日就会积累60多个有效新客户,这样团队的业绩自然不会太差。

很多管理者并不重视这件事，所以自始至终根本没有帮扶、指导、监督和管控的过程。在之前做过的企业内训的咨询案中，我发现很多公司的制度都存在这个问题。这些公司的管理者对销售人员每天有效新客户的开发数量并没有严格的规定，一周两三个可以，五六个也可以，根本无所谓。在这样的管理下，公司很难有明显的业绩增长。心软和散漫是团队业绩下滑的帮凶，俗话说"严师出高徒"，运用到管理中就是，严格的管理者才能带出最优秀的销售者。

不过，或许有的管理者会问：如果团队成员做不到怎么办？很简单，仍然是遵循"我做你看，我说你听；你做我看，你说我听"的"16字法则"，4个步骤反复循环，在循环中不断改进。

第二，积极反省，及时调整。

如果已经用了"16字法则"，团队成员的业绩还是没有提高，那么我们就要思考一下：资料收集和新客户开发如果都没有问题，说明销售的源头基本没有问题，那么问题会出在哪里？有很大可能是团队成员出了问题——是销售新人执行得不好，还是顶尖的销售人员执行得不好？如果大家都做得不好，那么出问题的一定是我们的制度。

有错要认，有问题要改。 比如，之前的规定是每天拜访3个有效新客户，现在可以改成两个，两个做不到可以改成一个。总之，我们要取一个中间值，让大家都能完成。要知道，制度不是一成不变的，而是可以根据情况随时调整的。

2. 帮助销售人员提高有效客户转化率

在设定目标后，作为管理者，我们要关注的就是转化率的问题。一般来说，一名销售人员的正常转化率为 2%~10%。有很大一部分销售人员的有效客户转化率只有 2%，之所以这么低，多半是因为这些人开发客户只是为了开发而开发，并没有真正收集到有效、精准的客户。我们要做的就是想尽一切办法帮助他们提高转化率，而最重要的一点就是把好客户资料的源头和质量关。

3. 让销售人员找到最符合自己销售方法的买单人

我认为，领导者大致分为老虎型、猫头鹰型、孔雀型、无尾熊型几种。一个销售人员的时间和能力是有限的，所以这就导致一个结果：能够与一个销售人员成交的人，通常都是符合这个销售人员的销售方法的人。

所以，我们就应该告诉销售人员，在筛选有效客户的时候，一定要以领导者的类型为标准，剩下那些不适合自己类型的领导者该放弃就放弃。否则，即使用了九牛二虎之力，也会因为销售方法不对而签不成单，还造成了时间和精力上的浪费。

4. "5~8 次跟进法"不足取

有一些销售书上说，一个客户是通过 5~8 次跟进法跟出来的。在我看来，这种说法比较片面。如果按这种方法来计算，一个月工作 22 天，一天拜访 3 个有效客户，一个月就是 66 次。如果一个客户跟进 5~8 次就可以成交，那么销售人员每个月至少可以成交 8 单。可是在实际的销售工作中，很多人都无法实现这个业绩，这足以验证该理论并不合理。

因此，我们要告诉销售人员，一定要放弃这种每个客户跟进5~8次的执念。其实，面对一个真正的有效客户，通过一两次的沟通基本就可以签单成功了；如果超过3次，就有必要考虑他是否真的是有效客户了。

不同的认知，不同的信念，不同的行为，会产生不同的结果。我用这个方法帮助了很多人。

在阿里巴巴做销售的时候，我的销售理念就是这么直接：见到某个客户，能签就把他签了，不能签就直接放弃，除非我第一次没有见到真正的买单人。当然，在难以成交的客户中，有极个别的客户我也会培养一下，因为我很清楚有些客户是需要暂时放一放，过一段时间再去谈的。

或许又有人会问："贺老师，你说的这个'放一放'，在时间上怎么界定呢？"这个其实很简单，你要事先做足功课，通过一些途径了解客户的动态，如果发现客户突然成熟了，就一定要把握时机，迅速跟进。

通过以上方法，我们对销售人员有效新客户的数量就会有一定的掌控，也会收获一些成果。但是，作为管理者，我们应该知道，保证了有效客户的数量，并不能让我们彻底高枕无忧，接下来，我们还要引导和帮助销售人员合理安排时间，充分利用客户资料，让工作更高效。这时候就要用到"二八法则"了。

所谓"二八法则"，就是让我们的销售人员每天花80%的时间在有效新客户身上，剩下20%留给老客户。但是在现实的销售管理中，有不少管理者的要求恰恰相反，销售人员把 80% 的时间用在老客户身上，20% 的时间用在有效新客户身上。因为这些管理者认为，客户是需要培养的。我不认同这个观点，因为我觉得这样很可能要承担培养的后果——团队工作效率低下。原本一两次就可以签单，却用了七八次，这就是典型的没找到工作重心。

当然，我也不是彻底否定"客户是需要培养的"这个观点，**我们自己不培养，可以让竞争对手去培养，等到时机成熟了，我们可以找机会去"收割"。**

阿里巴巴最初能够在众多企业中脱颖而出，和一开始就对客户质量严格把控是分不开的。总之，新客户找对了，源头就对了，过程自然也就简单了许多。

将客户分为A、B、C三类

管理包括自我管理和管理别人，包括管什么内容、管多少数量、管到什么程度、管出什么结果。这里面最重要的，不用我说你也应该都知道，那就是管出什么结果。阿里巴巴始终在强调树目标、追过程、拿结果。要拿到好的结果，必然先从过程入手，抓好过程，结果自然不会差。

根据预测客户的签单时间，我们把客户分为A、B、C三类，具体多长时间每家公司不尽相同，管理者可以根据公司的业务自己分配时间，但是大体应该遵守时间不要太长的原则。

阿里巴巴的客户分类标准是：一个月成交的是A类客户，两个月成交的是 B 类客户，三个月成交的是 C 类客户。而我当年在阿里巴巴的时候有自己的分类方法，**我把 7 天成交的算作 A 类客户，半个月成交的算作 B 类客户，一个月成交的算作 C 类客户。** 我给自己定的时间远远少于阿里巴巴的标准，这等于把成交的紧迫性提高了三四倍。其实我在内心深处认为，一个 A 类客户应该在 3 天成交而不是 7 天，但我给自己的底线是 7 天。

很多管理者和销售人员都认为，成交慢一点无所谓，只要能成交就可以。在这里我要告诉你，不要有这种想法，一天都不要拖。只有把你的 A、B、C 三类客户进行适当的调整，**把紧迫感提高起来，让团队成员紧迫起来，人效才会增长，转化率才会提高，公司整体流转率也才会获得提高。**

我的学员里不乏企业老总和销售总监，我常跟他们提到的一句话就是：1A、2BC、3 有效新增。打造销售铁军团队，离不开这个简单的管理方法。

1A 的意思是指团队里的每名销售人员，每天至少要有一个 A 类客户。A 类客户是能够快出业绩的客户，是销售团队业绩的底气来源。

除了 A 类客户，每天还要有 2 个替补客户，即 B 类和 C 类客户。B 类和 C 类客户暂时还不能立刻签单，但是经过持续的沟通和努力，也很有希望签单成功，所以这些客户也是团队业绩的重要组成部分。

除了 A、B、C 三类客户，每天还要有 3 个有效新增客户。如果没有有效新增客户的积累,那我们的 A、B、C 三类客户从哪里来呢?所以,这些有效新增客户就是我们的业绩储备力量,同样必不可少。

每天签单的重点目标是 A 类客户,如果实在没有 A 类客户,或者 A 类客户的工作已经做完了还有剩余时间,就可以去系统里把 B 类、C 类客户翻出来,看看能不能推进签单进度。千万不要让客户一直待在系统里不去触碰,客户是不会主动来找我们的。

如果管理者把 A、B、C 三类客户的概念灌输给销售人员,那么当他们看到系统里的客户时就会产生一种心理暗示,这种心理暗示会让他们自觉地投入紧张的工作中。

这个世界上没有通过守株待兔就能得到的业绩,只有主动出击才能让战略目标落地开花。

有学员在培训的时候问我:"贺老师,你制定那么高的目标,几乎很少有人能达到,这不是太难为我们的销售人员了吗?"其实我也知道很多公司做不到,那为什么我还要提呢?因为我知道,如果管理者不把要求定得高一点,销售人员就可能连每天的 3 个新增客户都完成不了。管理上有个说法叫"上有政策,下有对策",管理者的要求高,销售人员自然会努力完成;反过来,如果管理者把要求放低,销售人员就会觉得完成任务很轻松,从而不会再去努力。

管理是反人性的,尤其是在这个人人都讲自由、爱自由的时代。正因为这样,如果不管理,或者对销售人员降低标准,那么他们的业绩就很难得到提升。当然,每家公司都有不一样的管理风格，并不是说必须定这么高的标准，但是高标准绝对是适合大多数公司的。

通过我们的高标准、严要求，团队成员的A、B、C三类客户信息都存储在了公司系统里。那么，这时候我们是不是真的能确定，此A就是A类，此B就是B类，此C就是C类呢？根据大量的案例和管理经验来看，销售系统里起码85%以上的"A、B、C"不是真正的"A、B、C"。

这说明在我们的销售团队里有些销售人员的能力是有限的，他们分辨不出真正的A、B、C三类客户，需要我们的管理者在签单过程中关注他们的工作。

举个例子，如果销售人员分到A类的客户却没有顺利签单，我们就应该想办法帮助他。这时候，又到了"16字法则"发挥作用的时候了。

我在杭州做主管的时候，曾辅导过一名女销售员。实际上她不是我团队的成员。她带着她的主管上门拜访一家A类客户，这家客户是做服装的，但没有签下单子。当时已经是月末，这名女销售在三个月业绩考核期内始终没签单，如果这个客户再签不下来，就将面临淘汰。

她焦急地找到我，听完她的描述，我说："我陪你一块儿去。"于是，我和她的主管一块儿陪她上门拜访。

因为杭州做女装的客户比较多，我对服装客户比较了解，在和客户沟通的过程中我发现，这个客户虽然有合作的想法，但存在两方面的担忧：第一，他的外贸团队没人；第二，对于从零开始做外贸，他信心不大。

在了解了客户的担忧之后，我说："如果您有想法，现在不做，未来可能也要做；如果现在做，外贸团队也就建立起来了，订单也会越来越多。总归是要做，与其留着未来做，那为什么不现在就做呢？"

最后，这笔109200元的订单用了20多分钟就签下来了，这就是"16字法则"的"我做你看，我说你听"。在这个过程中，团队管理者要注意找出销售人员没签单的具体原因，并及时帮助他们加以改进和提升。

其实，有很多销售人员心里很纠结，因为他不确定这个客户究竟是不是A类。这就需要我们多帮助他几次，他的归类就会越来越准确。总之，及时发现，及时检查，及时沟通。

这个方法同样适用于B类、C类客户。过去有的销售方法认为，我们要培养市场，B类、C类客户就是被培育的客户。但是，这种销售方法在我看来是不完全正确的。如果管理者错误地指导团队以培育市场为主要方式做销售，那么很可能会造成团队业绩下滑，下滑幅度很可能会达到30%~80%。当然，如果产品需要培育市场，比如一个客户都没听说过的新产品，那自然另当别论。

当我们发现团队中的任何一个人，在A、B、C三类客户的归类和跟进工作中出现问题时，都要高度警惕，千万不要因为我们的管理疏忽让他们走入死胡同。

我发现很多销售人员花了大量的时间，陷入他所认为的A、B、C客户中不能自拔，一直朝着错误的方向努力，这时候管理者如果坐视不管或者束手无策，就是非常大的失职。

管理A、B、C三类客户，其实就是在直接管理每个团队成员的业绩和团队的整体业绩。管不好，个人业绩、团队业绩都不会理想；管得好，个人、团队、企业就是三赢。

从 2% 到 30%，差的就是有效拜访

找到有效新客户的重要性，就是要把新客户转化为业绩，抓好"源"和"流"，业绩上涨就会水到渠成。

一般来说，普通销售人员能把有效新客户的 2%~10% 转化为成交客户，而优秀的销售人员可以让这一数字达到 30%。这种巨大差距的形成是要靠从收集资料到签单每一步的积累，其中最关键的一点就是有效拜访量。我们"有目标的管"的下一步，就是要管好有效拜访量。

什么叫有效拜访量？前面说过精准客户是客户的源头，那么，有效新客户就是业绩增长的基石，换句话说就是，**没有有效拜访量，就不可能签单。**

有效拜访客户的经验分享

具体工作中，我们要怎样预先判断接下来的拜访是不是有效拜访呢？跟大家分享一点我的经验。每当我要去拜访一个客户的时候，我一定会问自己这样几个问题。

1. 这个客户是不是关键人？

我多次提到，见到没有买单权力的人，不能算作有效拜访。

2004年，公司派我去东莞工作。等我到了东莞才发现，东莞团队的业绩可以用惨不忍睹来形容。团队的最好业绩是每个月70万元，最差的时候只有十几万元。

经过一系列的调查和研究，我找到了东莞市场的关键问题所在：我们要寻找的关键人都在香港、台湾，而不在内地。也就是说，东莞团队以前拜访的大多不是最后的买单人，所以他们的拜访都不是有效拜访。

找到了问题所在，我便开始发动一切力量，想尽一切办法去寻找这些关键人。把关键人请到内地之后，团队的业绩获得了巨大提升，也彻底摘掉了全国倒数第一的帽子。

当然，有的公司管理者不会直接拍板，凡事都会和高管一起商量才会做决定。所以，面对这种买单人，你还要多想一个办法，就是在跟他约好见面时间的时候，告诉他把公司的总监、经理都召集到一起。这样一来，一次拜访就会解决很多问题。

2. 我为什么要去见这个客户？

为什么要去见这个客户，这是我经常思考的一个问题。去见客户的路上我们需要时间，见了面向客户介绍产品也需要时间，这么多时间和精力耗进去，到底是为了什么？

答案可能是：我在网上看到这家公司的规模不小，营业额也不低，完全有实力购买我的产品。而且通过在网上的了解，我知道这家公司已经持续经营了五六年，五六年没倒闭，说明这家公司经营得不错，很可能会有更好的发展。同时，我还发现他们公司的官网上也展现出了积极向上的一面，这也说明他们是需要我的产品来获得更大进步的。

3. 客户有没有购买意愿？

每次去拜访前，我都会通过网站等途径去了解一下，客户有没有购买我们产品的需求或想法；如果有，那么客户是如何产生这种想法的；如果客户只是想了解一下，还没有切实的需求，那么我就会根据情况决定是在电话里聊一下还是登门拜访。

在这里有一点很重要，那就是不能在电话里直接问客户买不买我们的产品。客户还没了解产品的功能和价值，怎么会购买呢？这样做，只能让生意泡汤。

从以上三点你应该可以看出，前期与客户的电话沟通以及对客户的了解是非常重要的。我把这个过程整理为一套方法——"望、闻、问、切"。

- "望"，就是看一下客户的企业规模，评估一下它是否能消费得起我们的产品。

- "闻"，就是闻下"味道"，即通过电话沟通，了解客户对产品的热情度和渴望度。
- "问"，就是试探性地了解客户的需求度，了解客户对我们产品信息的获取途径以及有哪些困惑。
- "切"尤为重要，就是要摸准这家公司领导者的性格，然后对症下药。比如，要了解客户在意的是哪些事情，是竞争对手、我们产品的某项功能，还是产品能为他们的公司创造什么价值。

"望、闻、问、切"，"切"是最终解决方案，"切"决定了要不要拜访，以及如果去拜访，要做哪些准备。我认为这套方法是一个优秀销售人员必须具备的，因为我原来就是这么做的，也是这样去管理我的团队成员的。事实证明，这套方法十分有效。

提高业绩数据转化率

看到这里，或许又会有人提出问题了："我的很大一部分团队成员每个月业绩只有2单或3单，该怎样帮助他们提升到4单、6单、8单甚至10单呢？"这就涉及数据转化率的问题。

如果你想让团队成员的业绩从2~4单提升到8~10单，那就要先了解他之前的有效拜访量是多少，然后计算有效拜访量与成单量的比例，最后往上调整有效拜访量。比如，他每个月完成2单，需要完成10个拜访量，那么就要求他把每月10个的拜访量往上提，提到20个。这是一个笨方法，不过也是一个相对简单的办法。

那么，这么做是不是就能够百分之百成功呢？当然不是，因为一个人的有效拜访量是有限的。根据我过去做销售和带团队的经验，一个人一天能做到 4~5 个有效拜访量就已经非常努力，也非常辛苦了。还有人说，如果原来我完成 2 单需要每天必须完成 1~2 个有效新客户的拜访，那么我想要完成 10 单，是不是每天就必须拜访 5~10 个有效新客户。这也不尽然。

我在 2003 年全年获得了 11 个全国销售金牌、6 个银牌，从来没有拿到过第三名[①]……为什么？跟大家分享一下我那年的拜访量：我每天拜访 2~3 个客户，每周会有一两天的时间在公司里指导我的助手，也就是说我一周只工作三四天，每周只完成了 8~10 个有效拜访。而我的业绩每个月却可以达到 8 单、10 单，最高甚至接近 20 单。

可以看出，我的拜访量没有那么多，并没有达到 5~10 个，但我的转化率很高，达到了 30%~40%，其中一次性见面签单的概率为 40% 左右，所以我的业绩才会那么高。转化率高是因为我用了精准的方法，客户资料的收集、电话拜访、上门拜访等每一个环节我都做到了精准。

在这里提到我之前的成绩，并不是想表现我有多优秀，而是想告诉我们的管理者，我之所以能取得这些辉煌的成绩，就是因

---

① 按照销售业绩排名，阿里铁军每年共评选 17 个奖项，其中包含 12 个月度金银铜牌、4 个季度金银铜牌和 1 个年度金银铜牌。

为我绝对不把时间浪费在无效拜访上。

任何一名销售员都是由销售新人一步一步成长起来的，这是一个从量变到质变的过程，而这个过程与管理者的管控是分不开的。管理者对团队有效拜访量的掌控和每天实际的工作数据，决定了团队的业绩是持续增长还是持续下降。所以，没有有效拜访量，就不会有业绩持续增长。那么，有效拜访量来自哪里呢？在我看来，有效拜访量的出处太多了：可以是有效新增客户，可以是二次跟进的客户，可以是通过陌生拜访产生的客户，也可以是他人介绍过来的客户。而且，不管是上门拜访还是电话拜访，只要在沟通的过程中了解了客户对产品的需求和潜在的担忧等问题，都算是有效拜访量。

提高有效拜访量的方法

通过上面的讲述，大家对有效拜访量应该有了一定的了解。可是，知道一件事跟做好一件事之间是有差距的。在实际的销售管理中，很多管理者都会面临销售人员完不成有效拜访量的问题，下面我就给大家分享一些实用的小方法（如图2-3所示）。

图2-3　有效拜访量的管理细节

1. 提早监督

在销售人员去拜访的头一天晚上，管理者就要对他们进行检查，尤其是要对之前出过状况的销售人员进行检查。比如，销售人员从外面拜访回来后，我们就去检查他，并监督他的执行情况。在这个过程中发现他不会，就要用"16字法则"辅导他，发现问题及时解决。一个小时不行就两个小时，两个小时不行就三个小时，今天不行就明天，明天不行就后天，直到解决问题为止。

2. 检查记录

这个方法就是检查销售人员笔记本里的工作软件，查看A、B、C三类客户的情况，看到客户有什么疑问，就亲自打电话替他再次跟进、约见和沟通。如果公司里有完善的CRM（客户关系管理）系统，可以去系统里找他曾经拜访和培养过但没有签单的客户，然后打电话进行二次预约和二次拜访。

3. 大胆换人

如果这些事情我们都做了，通常会产生两种结果：一是帮助销售人员提升了有效拜访量；二是这个销售人员没有天分，不值得再教；没有第三种结果。面对第二种情况，我们要做的是把时间和精力花在对的人身上，把不合适的人换掉。

4. 管控到位

这一点看似简单，实际却不容易做到。**阿里巴巴以前有一条管理秘籍："你干就对了，听话照做！"** 这句话的意思是，销售人员要踏踏实实地执行，管理者要按部就班地管控。

如果管理者睁一只眼闭一只眼，对团队的有效拜访量不抓不管，甚至听之任之，那么这个团队就会成为垫底的那一个。从2%到30%，这之间的差距不言而喻，要想达到或接近30%，就需要管理者在团队有效拜访量的管控上做到位。

能一次拿下的客户，
千万不要等到第二次

对客户资料的有效管理只有一个目的，那就是最大限度地把有效客户变为签单客户，这是我们的终极目标。当然，我还想强调一句：一次就能拿下的客户，千万不要等到第二次。

做销售管理的时候，我每天都会问团队成员一句话："今天你的签单客户是谁？"这是必须明确的一点。通过之前的各种管理手段，相信你已经让团队成员深刻理解了A、B、C三类客户的重要性，接下来我们就必须每天督促他们，让他们把A、B、C三类客户进行整理分类，放到各个时间节点中去签单。通过这样的管理手段，就可以让他们每天都有目标签单客户。

大家可以做一个简单的计算，如果我们的销售人员每天都能有一个目标签单客户，那么每个月就能有22个。百分之百中签不太现实，但是按照10%的最低签单率来计算，每个月也能有2.2个客户可以签单。这只是保守计算，实际的签单率要比这个数字高出很多。正常来说，如果每天都能保证有一个目标签单客户，那么一个月下来完成8~10单不成问题。这主要是因为目标签单客户前期大多是经过我们精心培养的，都是相对成熟的客户。

在做企业培训的时候，经常有学员问我："贺老师，我手下的销售人员大多做不到每天都有目标签单客户，这是怎么回事呢？"我告诉他们："那是因为在过去的工作中，管理者在'管'这件事上做得不到位。"销售人员效率出问题，很大一部分原因在于管理没跟上。

我常常对学员说："**销售人员的时间和首席执行官的时间一样宝贵。**"如果有人觉得自己的时间不宝贵，那他的业绩一定烂到家了。所以，作为管理者，我们一定要让销售人员树立一种"我是我自己这家有限公司的首席执行官"意识，只有足够重视自己的工作效率，重视自己的时间，才会为自己创造更多价值。具体来说就是应该做到，在与客户见面之前做好充分的准备，只要约到客户，就只有一个目标：想尽一切办法推动他，让他没有不签单的理由。

有学员曾对我的这种说法提出异议："贺老师，这样做好吗？会不会'吃'相太难看了？"我告诉他："没什么不好的，你不去努力一把，不让你的团队成员把每一个客户都当成最后一个客户看待，就等于在浪费你自己和他们的销售生命。"

在上海三体云动做首席运营官的时候,我每天早上都会参加两个会议:一个是总部的区域会议,另一个是我召开的全国电话会议。在全国电话会议上,在看销售管理层的日报时,我主要关注两点:第一,系统里有多少家A、B、C三类客户;第二,今天签单的目标客户是谁。如果发现管理者的日报里没有标出签单客户的情况,我就会直接问:"你把这么多A、B、C三类客户放在系统里却不去签单的原因是什么?不要告诉我客户没时间,他总会有时间。你的职责就是帮助你的销售人员签下他系统里面的A、B、C三类客户,而不是让他们躺在系统里'睡大觉'。"如果他说是因为团队里新人太多,无法一次性完成签单任务,至少需要三五次时,那么我就会告诉他:"没有谁规定新人不可以一次性签单,是你思想的天花板影响了团队业绩的成长,阻碍了团队成员的爆发力。"

我在那家公司任职一段时间后,它的销售体系被彻底激活了,直到今天他们还在沿用这套管理体系。这套体系是阿里巴巴中供铁军里最好用的销售管理体系,面对每家公司不同的业务状况、不同的销售模型以及不同的销售团队,它都可以完全适用。具体来说,这套销售管理体系可以拆分成如图2-4所示的5个方面。

培养每天都要有签单的意识

最有效的管理手段就是给销售人员树立正确的签单观念:签

```
      培养每天都要有签单的意识        做好"清库"工作
                    ┌─────────┐
                    │ 阿里铁军式 │
      分析客户的真实意图 │ 销售管理体系 │ 清楚掌握重要客户情况
                    └─────────┘
             让有效新增客户一次性签单
```

图 2-4 阿里铁军式销售管理体系的组成要素

单并没有那么难，每天都要签单是必须的。比如，有的销售人员觉得一个客户需要跟进多次才能签单，那么你就必须及时纠正他，告诉他最直接、最有效的就是一次性搞定客户。**思想的灌输就是信心的培养**，这一点非常关键。

对此可以从事前、事中、事后三步分开来说：签单前让他说出自己今天的签单客户是谁，这叫树目标；如果他没有签成，就着重看一下他的工作究竟哪里出了问题，这叫追过程；一天的工作结束后，要督促他明确第二天可以签单的客户，这叫拿结果。

做好"清库"工作

所谓"清库"就是清理系统里的 A、B、C 三类客户，让它们越来越少。有人会问："为什么要越来越少，按道理应该是越来越多才对。客户越多，签单的机会不就更多吗？"这里存在一个误区，即帮助销售人员积累更多的客户没有错，但是如果他系统里的客户只增不减，就不是正常现象了。系统里的客户越来越少，意味着客户流动很快，签单的效率很高。所以，"清库"越勤，销售人员的工作效率就会越高。

清楚掌握重要客户情况

我想先问一个问题："你了解团队成员系统里 A 类客户的具体情况吗？"如果你的回答是肯定的，说明你是一个称职的管理者；如果你的回答有些模糊，要么说明你能力不够，要么就是你没有尽到应尽的职责。

每天早上开晨会，你的团队成员都会跟你分享他们的工作情况，你每天也会检查他们的工作进展；晚上销售人员回到公司也会跟你交流工作情况。让你能够了解和掌握团队成员系统里 A 类客户的渠道这么多，如果你还是不了解，我觉得你已经失去一个管理者的资格了。同样作为销售人员，你必须做到对客户了如指掌。

让有效新增客户一次性签单

这一点和第一点有点类似，不同的是第一点是要培养意识，而这一点就要落实在行动上了。销售工作不是春播秋收，效率十分重要。为了保证团队的业绩增长，从第一天起我们就要让销售人员把效率放在重要的位置上。有效客户很宝贵，必须督促和帮助销售人员尽快促成签单，避免夜长梦多。

分析客户的真实意图

很多销售人员往往会把意识停留在第一次拜访某个客户的场

景中，比如，前两天打了一个电话，被告知负责人在忙，他就会以为别人拒绝了他，结果便把这个客户放弃了，但实际上客户或许真的很忙。

作为管理者，我们的经验自然更丰富，所以一定要与团队成员做好沟通，帮助他们分析客户的真实情况，分辨出客户的真实意图，不放过每一个可以签单的潜在客户。

我们做销售，终极目标就是签单，前期的所有准备都是在为签单服务。所以，我们要让团队成员时刻保持战斗的状态，让这种状态贯穿销售的每一个流程和节点，只有这样，才能让签单一气呵成。

把客户信息放进"保险柜"

在销售目标管理中,有一件事从近期来看和团队业绩增长关系不大,但是从长远来看意义非凡。这件事不仅跟每一名销售人员和每一个销售团队息息相关,还跟公司的资产和发展息息相关。

如果你是企业领导者,必然在意企业效益;如果你是销售管理层,必然在意团队客户的流转、团队人员的效率;如果你是销售人员,必然在意如何寻找有效的客户资料。所有这一切,都与CRM系统有关。CRM系统,即客户关系管理系统。顾名思义,这个系统是管理客户信息的,但是它的作用不仅仅是把信息存在计算机里。

防止客户信息丢失

大家都知道，公司花钱雇用仓库管理员，是为了实现仓库物资的防火防电防盗；同样的道理，公司雇用销售人员来收集客户资料，自然要避免销售人员随意记录客户信息。如果针对记录客户信息这个问题，管理者对销售人员没有要求，那么销售人员就有可能今天在笔记本里记一点，明天在计算机里录一些，或者随便找张纸写一下，这样做很可能会让客户资料不知不觉就"失踪"了。所以，防止客户信息丢失是 CRM 系统最基础的功能。

销售工作的特点就是"铁打的营盘流水的兵"，尤其是那些工作强度非常高的公司，销售人员的流失率已经达到了 100%~300%。如果管理者对记录客户资料这件事管理不到位，那么就会造成人走，资料也随之丢失的结果。

> 每天下午6点，阿里巴巴的销售人员回到公司开完会后，都会把这一天的拜访记录录入 CRM 系统，标明客户详细信息。即使已经很晚了，或者接下来还有其他工作要做，比如搜索新客户信息，销售人员也绝不会简化这项工作，虽然这项工作要花费很多时间。

如果有机会看到阿里巴巴的拜访记录，很多人肯定会被震撼到，因为在阿里巴巴的 CRM 系统里留存着海量、详细的客户信息。这么多年来，阿里巴巴无数销售人员来了又走，但大量的客户资料被保留了下来，这也让后来的销售人员、代理商及中供合伙人得到了实惠，他们通过这个系统得到了无数有价值的信息。

我们会把资金放到保险柜，也应该把信息放进保险柜，CRM系统就是公司的信息保险柜，会让整个公司的信息库生生不息。

根据细节分析客户

许多管理者在上课时曾跟我抱怨："贺老师，我的团队业绩非常差，但总是找不到根本原因。"

遇到这样的问题，我就会反问他们："你团队成员的每一次拜访记录有100个字吗？"

十有八九，对方会告诉我"没有"。

这时，我会对他们说："如果你要求销售人员每一次拜访记录都要输入不低于100个字，那么即使没有业绩，我也认为你可以得80分；如果拜访记录只有50个字，我只给你60分；如果只有20个字，那你就是零分。你的系统根本称不上客户关系管理系统，没有业绩很正常。"

为什么我会说，如果只记录20个字就是零分？我们不妨假设下面这个场景：

> 销售人员见到了一个企业的负责人，跟对方聊了一下公司产品，回去记录："这个负责人几乎没什么兴趣，说以后考虑清楚了再决定。"

通过这段记录，你几乎无法得到任何有效信息。如果他换一种记录方式：今天去的公司规模大概如何，年产值应该不低，负责人对产品也比较感兴趣，我向他介绍了产品的几个特点，他又询问了产品具体的某个方面，似乎对这个方面比较有兴趣。后来他说暂时不需要，考虑清楚了再跟我联系，但是我判断他是个潜在客户，因为他可能只是暂时有些顾虑，我下次可以针对这一点，换一种策略跟进。

从这样的记录里，我们可以清晰地判断出很多关键信息：客户有意愿，对产品的某方面很关注，虽然暂时不需要，但弄清楚客户的顾虑后，签单的希望非常大。

通过对比，前面那个 20 多个字的记录就显得特别单薄，这样就会丢掉很多潜在客户，因为过几天回头再看，面对这样的记录，自己也不知道该从何下手了。如果这名销售人员离职了，那么其他同事接手他的资料同样会一头雾水，客户流失也就在所难免了。

销售人员每天辛苦拼搏，给公司创造了无数的价值，如果管理者有整理客户信息的意识，那么就有可能让团队成员的业绩成倍增长。

便于管理者整合分析

信息收集整理好之后，管理者接下来要思考的是怎么把这些信息流转起来变现，这时候就可以通过 CRM 系统来帮忙。CRM 系统不仅可以记录客户信息，还可以把所有销售人员记录的客户信息放在一起分析。

我到上海三体云动的第一天，就要求全国所有的区域经理干好一件事——重点客户管理。在我的建议和指导下，经过大家的共同努力，公司很快就建立了一套绿色客户关系管理系统。在培训的时候，我要求每一个区域经理每天要检查手下每一名销售人员的拜访记录。在日报、周报里和月度会议上，我都详细检查区域经理在这项工作上做得是否到位，一旦发现问题就立即责令迅速改进。通过客户管理系统，我们了解了很多销售人员的能力和态度，也对很多工作方法有问题的销售人员进行了指导和纠正。

花几万元买一套 CRM 系统，再根据公司情况设置一整套客户关系管理制度，不仅会产生非常多的潜在客户资源，而且会给管理者带来很多方便。

讲到这里，"有目标的管"基本就介绍完了。如果大家把这些内容都消化了就会发现，本章的 2~6 节讲的内容都和有效客户有关。如果把这五步都做好了，却忽略了对积累的客户信息的管理，即使有再多的有效客户，也无法为企业带来稳定增长的业绩。**客户信息管不好，可能是减法，也可能是加法，但管好了绝对是乘法。**

[本章小结]

完成销售目标的 6 个关键

- 建立客户资源保护机制：兵走，客户不能带走。
- 详细记录客户信息：既方便自己，又让后来者受益。
- 按签单时间把客户分成 A、B、C 三类。
- 利用有效拜访提升签单率。
- 建立预防客户冲突的有效管理机制，避免内部抢客户。
- CRM 的系统化、数据化。

提升签单率的 3 个技巧

- 从客户资料里挖金矿。
- 找到能拍板的买单人。
- 能一次拿下的客户千万不要等到第二次。

第三章

追过程：
做好销售过程管控，培养高效执行力

管理由管和理两部分组成，既包括对销售人员的管控，也包括对销售工作的整理。有些管理者只重视"管"而忽视了"理"，其实"理"在销售过程中也是至关重要的。"理"不清头绪，整个团队都会向着错误的方向前进；"理"做好了，"东风"也就来了。

成功往往是过程，不单纯是结果

在培训时，经常有销售主管或销售经理问我："贺老师，我把自己的团队管理得井井有条，大部分成员都非常努力，但为什么每到月底考评时，团队的业绩总是拼不过其他团队，经常排名垫底？问题到底出在哪里？"

面对类似的问题，我通常不会直接回答，而会反问："你们的销售人员通常是在哪个环节上出问题？是有效客户的资料没掌握好，还是没有找到真正的买单人呢？"

他们的回答大多如出一辙："在面对客户之前，销售人员对有效客户的信息了解得较为到位，准备得十分充分，也都树立了一次就将单子签下来的信心。但在和客户见面后就发现，事情总是不按预想的轨道发展，双方的想法似乎总不在一个频道上，销售人员无法真正从内心深处打动客户，最后只能铩羽而归。"

此时，我会继续追问："那在你看来，问题出在哪里？"

这些销售团队的管理者大多会告诉我："问题出在销售人员身上，要么就是他们的能力不够，要么就是他们不够努力。"令人奇怪的是，管理者很少会从自己身上找原因。

在我看来，之所以会出现这种情况，多半与销售团队的管理者脱不了干系。销售管理由"管"和"理"两部分组成，仅仅追求对销售团队的管控，只是完成了其中"管"的部分，而忽视了对销售过程的"理"。

管理者在做好"管"的同时，要"理"清达成业绩目标的思路和方法。

如果销售团队迟迟出不了业绩，管理者要反思：是坐在办公室里指挥，还是亲临现场发现问题并"理"出解决方法？只有奔赴一线和团队成员一起，才能准确知道团队成员不能成功签单的问题具体在哪里，而不是笼统地说"能力不够"或者"不够努力"。

打个比方，"理"清达成目标的方法中有一"理"是有效沟通，销售人员向客户提出签单请求后，客户很可能会提出反对意见："我听说你们的售后服务不好，产品出现问题不及时解决。"有的销售人员是这么回答的："王总，不是这样的，您不能听别人乱说。"

这就是典型的无效沟通，销售人员需要解决客户提出的售后服务问题，而不是避而不谈问题本身。如果管理者不亲临一线，怎么会知道这名销售员在有效沟通环节出现了阻碍他签单的致命问题，又怎么可能针对性地"理"出解决办法呢？

成功往往是一个过程，而不单纯是一个结果。没有充足的弹药和粮草，没有严明的军纪与对战机的把握，仅凭一腔热血、赤手空拳，怎么可能拿下战斗？销售管理中的"理"集中体现在对销售过程的整理上，具体包含如图 3-1 所示的 6 个关键层面。销售人员如果能将这六大层面理清，就会在和客户沟通之前，在脑海中形成较为清晰的思路，从而灵活应对各种类型的客户和随机发生的状况。

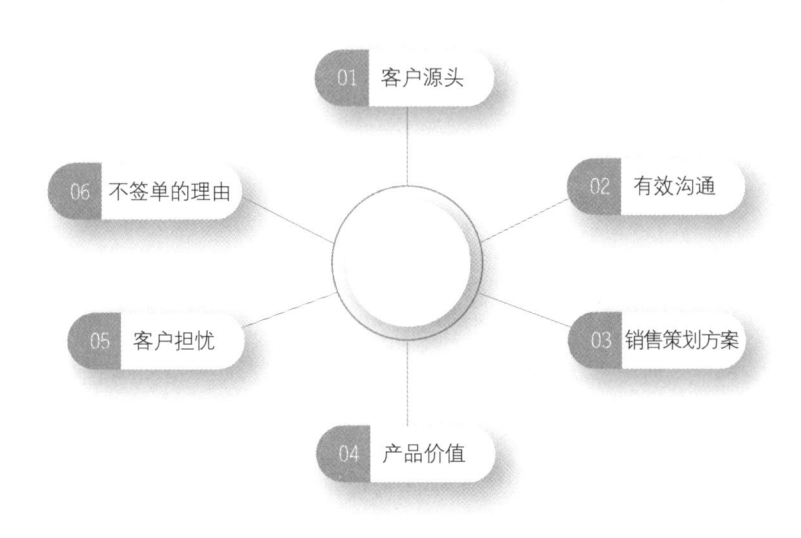

- 01 客户源头
- 02 有效沟通
- 03 销售策划方案
- 04 产品价值
- 05 客户担忧
- 06 不签单的理由

图 3-1　销售过程管理的关键层面

客户源头

客户源头不仅包括客户的联系方式，还包括很多细节。比如，客户公司的具体情况、客户的个人喜好和成交意向、约见客户的方式，以及见面后如何洽谈。

正所谓，知彼知己，百战不殆。如果我们不能清晰地梳理出客户源头，就有可能摸不准客户的脉搏，找不到客户真正关心的重点，签单也就无从谈起。

有效沟通

很多销售人员在与客户沟通时，经常会说一些无关痛痒的话，这些话既不能让他们了解到客户的真正需求，也无法让客户进一步了解产品。这不仅是在浪费双方的时间，还会引起客户的反感。只要你想明白了这个道理，就能理解有效沟通的重要性和无效沟通的可怕性。无效沟通绝不仅仅是在做无用功，还会对销售结果产生负面作用（见表3-1）。

销售策划方案

你可以将销售策划方案（sales kits）理解为一份销售PPT（演示文稿），是销售人员去拜访客户时向客户展示的资料。销售策划方案往往包括了公司实力的介绍、公司产品价值的阐述，以及能够证明产品能够为客户创造出价值的一些证明材料。

表 3-1　有效沟通与无效沟通的差别案例

客户提出反对意见	无效沟通		有效沟通
"你们的售后服务不好，产品出现问题不及时解决。"	"我们的售后服务是同行里数一数二的。"	各说各的，沟通不在同一频道	"您觉得我们售后服务的哪些方面做得不好？我们的售后服务一直在优化迭代，也会根据每个客户的具体需求提供有针对性的售后服务。您看，我们的售后服务是这么做的……"
"你们的产品太贵了，比竞争对手的产品贵5000元。"	"您这么有钱，肯定不差这5000元。"	认真倾听客户顾虑、担忧和渴望，做好把脉工作，并针对性地给出解决方案	"您觉得产品贵在哪里呢？他们（竞争对手）有的功能我们的产品都有，但我们这个功能，他们是没有的。就是这个功能能给您带来3~5倍的流量增长，也能为您创造看得见的可观的价值收益。"
"你们的产品效果不好，我的一个朋友用了同类型的产品后是这么说的……"	"不是这样的，您不能听别人乱说。"		• "您看，我们服务了这么多客户，他们产生的效果非常明显，您看一下具体 数据……" • "您的朋友用的产品不是我们的产品，此产品非彼产品……" • "而且，不同公司遇到的具体问题也不一样，别人做不成功不代表着您也不成功。"

毫不夸张地说，销售策划方案是整个销售过程的关键所在。销售是一个将视觉、听觉、触觉等多维度感知综合在一起的过程。如果销售人员和客户能够在听到、看到和想传达的信息上达成一致，沟通效率便会明显提升，签单率也会水涨船高。

产品价值

一个优秀的销售团队管理者，一定要让团队中的销售人员认清一件事：我们卖的不仅是产品本身，更是产品身上附带的产品价值，这才是客户真正需要的东西。举个例子，当客户想买一个电热水器的时候，他真正需要的是什么？很明显，他需要的并不是一个四四方方的冰冷电器，而是随时能够洗上热水澡。如果不能理解产品的价值，只是单纯地卖产品，效果通常不会太好，有时还会影响销售人员的信心，让自己陷入非良性循环中。

客户担忧

在实际的销售过程中，销售人员经常会听到"我考虑清楚了再通知你过来签单""我需要跟我的合伙人商量一下""这件事得董事会同意才可以"之类的说辞。有时情况可能确实如此，但更多时候只是客户的推脱和搪塞。客户之所以会用类似的说辞推脱，本质上还是对产品有所担忧。

什么叫客户的担忧？你可以把它理解成客户没有完全相信你说的话。也许是你倾听得不够好，没有把客户对产品品质、售后服务、性价比、价值等担忧总结到位；也许是你的能力不够，没有探寻到客户内心深处真正想解决的问题，导致客户不想说，或者双方的交流只停留在表面，不够深入，以至你无法挖掘出客户担忧背后深层次的逻辑，也就无法真正解决客户的担忧。

因此，管理者在安排销售人员拜访客户之前，一定要帮他们理清客户可能存在的疑惑和担忧。比如，对产品的功能是否完备存在疑惑，或者担心售后服务不到位，等等。只要销售人员能够将这些潜在的客户担忧都考虑到，并对症下药提前准备好答案或材料，签单的可能性便会大幅提升。

不签单的理由

客户签单的理由很容易理清，无非就是我们的产品解决了客户的刚需，或者为他们创造了价值。但是，对于客户不签单的理由，很多销售人员就搞不清楚了。这个问题如果弄不明白，就会让销售走入死胡同。这时候我们就要主动出击，想办法把客户不签单的原因找出来，然后对症下药进行解决。当然，如果真的找不到原因，或者找到了却没有办法解决，那就果断放弃，把时间和精力用在其他更有可能签单的客户上。

我在杭州给一家企业做内训的时候，发现销售人员不签单的理由是客户和竞争对手签单了。这名销售员上门卖产品的时候，听到客户说："你们的产品我知道，但我不需要，我已经在用别家的产品了。"这名销售员一听这话就直接放弃了。这就是遇到竞争对手就绕道走的真实案例。

我听完他们的销售流程、销售思路和销售说辞，现场帮助他们把产品的功能卖点梳理成具体的价值，而且是能给客户创造的不一样的价值。因为客户买单的唯一理由就是价值。

当产品价值梳理出来后，我认为销售人员再遇到客户说"你们的产品我知道"的情况，就要问他："请问您知道我们的产品什么呢？您知道我们的产品能给您创造这么多价值吗？"通过传递价值应对竞争对手的客户，因为竞争对手的客户也有可能是你的客户。

所以客户不签单的理由并不是销售人员想当然地认为客户和竞争对手签约了，而是没有把价值传递到位。

源头对了，事半功倍

当你将销售过程的整体思路理清之后，就可以正式着手具体工作了。第一步便是理清客户源头。客户源头就是目标客户的所有信息。**源头对了，方向就对了，销售工作便会事半功倍**，哪怕山高路远也有信心坚持走下去；源头错了，再多的努力也是白费精力，缘木求鱼只会一错再错。

请注意，理清客户源头不仅是指找到客户，还包括理清客户的信息、条件、成交意向、个人喜好、公司情况等各方面。与此同时，销售人员还要想好用何种方式接近并约见客户，以及和他见面后该如何洽谈。

作为销售团队的管理者，你要经常问销售人员三个问题：为什么是他？为什么非要给他打电话？为什么要去拜访他？基于销售人员的回答，对他们进行有针对性的指导，让他们进步得更快、更明显。

如果销售人员这样回答："因为我了解到这家企业是业内标杆，有购买能力，也渴望自身得到长远发展。"或者这样回答："他是我们竞争对手的客户，对此类产品有想法、有兴趣。"这时，你就可以根据客户的情况，帮助销售人员具体分析：针对客户的情况，打第一次电话的时候重点要说什么；讲到客户行业痛点的时候，应该怎么讲到他内心深处；聊到客户内在需求时，应该如何表达才能充分吸引他。

这就是理清客户源头的过程。简而言之，当我们遇到较为优质的客户时，一定要充分了解客户的方方面面。

2004年，我被公司调到了东莞。到东莞之后的第一个月，我给团队成员进行了销售技能的专项培训，但效果并不太好。一个月下来，我们的业绩只有区区6万元。我从全国第一变成了全国倒数第一。

形势确实十分严峻，我连忙带领团队复盘。通过调研，我们很快找到了问题的症结所在：东莞市场其实有很多我们的潜在客户，但关键人物却都不在内地。

症结找到了，如何对症下药却成了一大难题：我们的销售人员很难直接联系上这些关键人物。为此，我们组织了一次又一次头脑风暴，小伙伴们提出了一个又一个解决方案，可行性都很强。最后，我们将突破口定在这些公司的外贸经理上，通过他们想办法联系公司关键人。

在跟这些外贸经理沟通时，我们了解到一个情况：这些公司利润中的30%~60%都被中间商拿走了。试想，谁会愿意平白无故将30%~60%的利润拱手让人？这些公司无非就是缺少一个接触国际买家的渠道，而这正是我们的强项。

当我们告诉这些外贸经理，我们能够帮助他们砍掉中间环节时，他们大多喜出望外，立刻将我们推荐给了公司关键人，或者直接将关键人的联系方式给了我们。

在拿到这些关键人的资料之后，我便带领团队设计出了一整套沟通方案，方案包括三个要点：第一，我们该用何种方式向对方表明自己的身份；第二，我们可以在什么地方帮助到对方；第三，如果对方有兴趣，什么时候能够到东莞跟我们面谈。

这些关键人在听完我们精心准备的沟通内容之后，纷纷表示会在第一时间来东莞跟我们详谈。就这样，我们搞定了第一批客户，接下来是第二批、第三批，彻底打开了整个东莞市场的局面。

客户源头找对了，签单就不再是难题。不过据我观察，很多销售团队的管理者只是在口头上重视客户源头，在实际的管理过程中却根本不把这当回事，这便直接导致团队成员浪费了大量的时间和精力却做了无用功。此时，管理者不仅不进行反思，反而责怪销售人员的态度不好或能力不足，这是推卸责任的典型表现，会导致整个团队军心涣散，毫无战斗力可言。

在其位便应谋其政，既然你身处管理岗位，就应当用使命感和责任心帮助团队找到客户源头。当然，有些管理者并非不想帮助团队，而是因为自己的能力确实有限。为了解决这个问题，我总结了以下两点，希望能对销售团队的管理者有所裨益。

传授自身经验

当你发现团队中的销售人员可能在客户源头上出了问题时，你可以找个时间，捧着一杯茶，拿上一个笔记本，坐在他旁边认真听他说自己认为的客户源头，一旦发现问题便立刻记录下来，与客户相关的重点内容也应一一记录。然后，你和他一起讨论和梳理，理清和客户源头有关的所有问题。

在这个过程中，你可以将自己过去的经历和经验分享给他，包括你在做销售时遇到过哪些困难，遭遇了哪些挫折，最后又是怎样找到解决方法的。当然，如果你发现自己的方法可能不太适合他，那你不妨和他分享团队中其他同事的实例和方法，总有一款适合他。此外，你还要将这些方法梳理出来，形成书面流程，让他照着文字执行。

耐心陪他成长

对一般的销售人员来说，摸准客户的脉搏或许很难，因此他可能会走很多弯路，还有可能遭人白眼。但作为他的管理者，你务必清醒地认识到：通过预测和分析，客户是可以被认清的。更重要的是，你要将这种方法传授给团队中的其他销售人员，让他们逐渐成长，为团队创造更多的业绩。

在这个世界上，确实有些心窍玲珑的人可以举一反三、触类旁通，但这只是少数，绝大多数人的成长需要一个漫长的过程。有时，你可能费了九牛二虎之力帮助和指导一个销售新人，他却一直没有进步。你或许会因此认为他很笨，甚至发出"朽木不可雕也"的感叹。其实不然，毕竟这些新人没有相关工作经验，接受能力肯定比不上那些相对成熟的销售人员。此时，你完全可以换一种方式，或者让另一个人去教导他，比如团队中其他的销售标杆。

如果这样依然没有明显效果，那就只能说明团队的招聘环节出了问题，没有选对人。无论是哪种情况，问题都出在销售团队的管理者身上，不是你没有用对方法，就是你没有找到合适的人。

生理学家巴甫洛夫曾言："实验上的失败，可能成为发现的开端。"在我看来，一次销售的失败，可能是销售人员成为顶尖销售的开端。只要能发现问题、总结问题，避免再次出现类似问题，销售人员就会得到提升。销售工作不能惧怕出错，销售团队的管理者要耐心对待销售新人，陪他走过懵懂无知的新手阶段，再用合理的管理方式帮助他成长。

有效沟通和无效沟通

销售的过程，其实就像一个闯关游戏，过了这一关才能进入下一关。销售人员在电话拜访或上门拜访时，如果不能进行有效沟通，便无法进入签单环节。管理学大师彼得·德鲁克曾说过这样一句话："一个人必须知道该说什么，一个人必须知道什么时候说，一个人必须知道对谁说，一个人必须知道怎么说。"这句话套用到销售流程中也同样适用。

作为管理者，你还应该让销售人员对每天与客户的沟通过程进行必要的反思。比如，有没有跟客户抢话？有没有否定客户，有没有不尊重客户？有没有不认真倾听客户说话？有没有答非所问？如果这些都有，就是典型的无效沟通，不可避免地会引起客户的不适甚至反感，会对沟通的结果产生巨大影响。因此，想要提高销售团队的业绩，把控团队与客户沟通的环节至关重要。

有些销售团队的管理者，从上任的第一天起就会做一件十分愚蠢的事情——让团队里的销售人员背"销售经典话术"。要知道，**话术是死的，客户是活的**。即便销售人员背烂了所谓的经典话术，也不代表客户就会被话术牵着鼻子走，有时反倒会让客户心生厌烦，不想继续沟通。就算客户耐着性子听完，也多半是左耳进右耳出，不会往心里去。

销售团队是一个由不同能力、不同性格的销售人员组成的集体，销售工作是一个极具变化性的随机过程，一套固定的销售话术肯定无法适用于所有情况。在我看来，按照统一话术模板进行沟通的销售人员根本不是合格的销售，而更像是银行的自动柜员机。

不过，作为一个销售团队的管理者，你不可能每天都盯着手下每一名销售人员打电话，或者陪同他们拜访客户，无论时间还是精力都不允许。在我的培训课上，很多学员都反映："我也知道自己的销售人员在沟通上存在很多不足，但是具体有哪些问题，又该如何管理，我并没有多少头绪。"为此，我总结了自己的几条经验和方法。

看数据

我有一套完整的推论体系，可以通过团队成员每天日报中的A、B、C客户量、有效客户量、新增客户量和拜访量等一系列数据，来判断他们在有效沟通环节是否存在问题。

举个例子，如果我发现某位销售人员对一个客户进行了三次以上有效拜访，却还是没有完成签单，那就说明他存在明显的沟通问题。得出这样的结论，需要先确定以下两个前提：

第一，这是一个标的 10 万元左右的正常订单，而不是上百万元或上千万元那样的大订单。那种大订单需要经过公司的管理层或董事会研讨决定，不是见一两个客户就能搞定的事情。

第二，销售人员拜访的确实是关键人物，而非无法做决定的"闲杂人等"。"闲杂人等"见得再多，也算不上有效拜访，这一点需要大家明确。

在确定以上两个前提之后，我便可以开始推论的过程：标的 10 万元左右的订单，对一个相对成熟的销售人员来说，最多需要见三次客户就完全可以签单。然而，这位销售人员已经找到了关键人物，并与之当面沟通了三次，却依然没有签单，那便可以断定，他一定是在有效沟通环节出了问题。

当你判断出团队中某位销售人员存在沟通问题之后，就要及时找他谈话，了解他的具体拜访过程，将过程中存在的沟通问题一一为他说明，并对症下药教给他解决之道。

情景式管理

所谓情景式管理，说白了就是陪访，这种方法比看数据更直观一些。你可以亲自陪团队中的销售人员去拜访客户，从而发现他们在沟通上到底存在哪些问题。比如，有没有跟客户抢话，是否还没弄明白客户的问题就回答，是否只顾着向客户介绍产品，而没有给客户说话的机会，等等。这些问题都是明显的沟通障碍。

我在上海三体云动担任首席运营官时，曾经十分看好团队中的一名销售人员，觉得他无论是能力还是觉悟都很优秀。但一个月下来我发现，他的成交量竟然是零，远远落在了其他同事的后头。见此情形，我十分着急，这棵"好苗子"到底出了什么问题？于是，我翻出了他的各种数据，很快便察觉了蹊跷——他每天的预约量都不低，拜访量也很高，可就是一直没能出单。问题终于找到了，这位销售人员无法和客户进行有效沟通。

于是，我约上他的区域经理，专门陪他一起去拜访客户，由他主说，我俩旁听。我们很快就发现，他总是在跟客户抢话，几乎没给客户留下表达看法的空间。在整个沟通过程中，他一共打断客户6次，自己说得非常投入，根本没注意到客户的脸色早都变了。

回到公司之后，我们就把当时的录音放给他听。听完之后，我问他："你感觉自己这次的表现怎么样？"

他略有几分得意地答道："我感觉自己的口才不错，该说的都说完了，而且说得挺痛快。"

我十分严肃地告诉他："你是痛快了，可是客户非常不痛快。你只顾着自己说，还抢客户的话，完全没顾及客户的感受。你确实将自己要讲的都讲完了，可是你了解到客户的需求了吗？你知道客户的担忧是什么吗？你看出他有签单的意向了吗？这些问题你都没发现，也没机会发现了。因为客户不痛快，以后你就没机会再见到他了。"

听完我的话，他也意识到了自己的问题，急忙说道："您不说，我还真没意识到，那我接下来该怎么办？"

我看他悔过的态度不错，便跟他说："这个客户基本上已经让你得罪了，再想挽回难上加难。不过，我可以告诉你正确的沟通方法，避免你以后再犯同样的错误。如果下回你再见到这种健谈的客户，你一定要尽量让他多说话，自己配合着说就行了。比如，你可以说：'王总，您太棒了，请问您是怎么成功的？'这样就会打开对方的话匣子。每个人都有倾诉的欲望，如果你能扮演好听众的角色，他就很容易对你产生好感，这是签单最好的信号。你让他倾吐尽兴之后，他可能会主动提出签单的事情。因为你让他痛快了，他也会让你痛快，就是这么简单。"

其实，在销售过程中，销售人员说了多少话根本不是重点，重点在于他们是否了解到了客户的心声，是否观察到了客户的担忧，是否为客户提供了有效的解决方案，是否为客户创造了价值。一旦沟通环节出了问题，后面所有的结果都是零。

好的销售策划方案，
自己会说话

在销售过程中，销售人员如何在有效沟通的基础上向客户推荐自己的产品呢？这就需要借助一个销售工具——销售策划方案。在团队实际的销售过程中，不同的销售人员面对的客户自然有所不同，遇到的问题也不尽相同，但销售策划方案却是一个能够以不变应万变的销售工具。一份好的销售策划方案，销售团队的潜在客户看了之后能入心、能走心、能向心。

- 能入心，就是指客户对销售策划方案整体的设计，包括颜色、搭配等感觉很舒服，同时对其中提到的成功案例打心底里认同。

- 能走心。要想让客户走心，销售人员就必须通过销售策划方案向客户展示，你们公司曾经帮助哪家企业解决了行业痛点，为它提供了怎样的售后服务保障。这种方式能够直接证明你们公司和产品的实力，让他能够对你的产品走心。
- 能向心。**客户最关注的焦点永远是你的产品能够为他创造何种价值。** 因此，如果销售团队在设计销售策划方案时，能将此前为客户的同行创造的价值一一列举出来，就能让他联想到，如果自己也购买了你的产品，可以获得多少价值。通过对这些内容的梳理，你的销售策划方案一定会引起他的共鸣，让他自发地想要购买你的产品，也就是所谓向心。到了这一步，就等于吹响了签单的号角。

工欲善其事，必先利其器。但是我发现，虽然现在很多公司都非常重视销售策划方案，但有很大一部分公司不会做，也做不好。

很多销售团队都会将销售策划方案做成大而全的企业介绍，想要给客户展示的东西太多，就会导致不够聚焦，没有重点。请记住，销售策划方案绝不是简单的企业介绍，它是一个销售工具，不仅具备向客户展示公司实力的功能，还应传递出客户想要创造价值的渴望，让客户感受到视觉和心灵的双重冲击。

因此，**不要通过销售策划方案展示公司产品的功能有多么强大。要知道在这方面，竞争对手绝对不会做得比你差。你比拼的不应是产品的功能**，就像我前文所述，如果想通过销售策划方案让客户入心、走心、向心，就必须为他创造不一样的价值，这才是客户最终签单的原因。

我曾为一家销售智能POS（销售终端）机的公司做内训，这家公司的负责人告诉我，自己的产品和竞争对手的不相上下，但是销售业绩却天差地别，希望通过我的培训，能提升他们公司的销售水平。

说句实在话，此前我对智能POS机这个产品并没有太多了解。但我清楚一件事：销售万变不离其宗。于是，我就在课堂上向这家公司的销售人员提问："你们是如何进行销售的？在销售的过程中又遇到了哪些挑战？发现了哪些问题？"

通过跟他们的交流，我发现这些销售人员都很优秀，具备较强的销售技能和成功的意愿。那问题出在哪里？这些销售精英在遇到竞争对手时，竟然直接绕着走，不做丝毫抵抗和交锋。在他们的认知中，竞争对手已经先下手为强，产品的功能也不比自己公司的差，这便意味着客户的需求已经得到了满足，自然不再需要其他产品了。

什么叫铁军？铁军就是"狭路相逢勇者胜"。在那次内训中，我的当务之急便是帮助这些销售人员找回和竞争对手斗争到底的勇气，再向他们传授智慧的销售手段。**智勇双全，自然就能无敌于天下。**

于是，我在课堂上纠正了他们的固有认知，告诉他们，竞争对手的客户就是最好的客户。原因有二：第一，你不用再去培育客户对产品价值的认知；第二，你不用再向客户介绍产品的用法。销售人员只需要跟客户讲清楚，自家的产品可以为他创造哪些不同的价值就足够了，因为客户最关注的就是这一点。

随后，我又根据该公司现有的销售策划方案，梳理出产品的十大价值，其中最关键的是前三大价值：一是产品能够直接为客户创造哪些价值，比如在营销功能、免费导流和产生成交额上，能为客户提供什么帮助；二是可以为客户节约多少人工成本；三是可以为客户带来多少潜在的客户资源。再加上其他七小点，直接就为他们的产品列举了十大价值。

在梳理完这些价值之后，我当场就为他们做了一个全新的销售策划方案。因为我在课上讲的干货比较多，在场的销售人员并不一定能够都听明白、记下来，但让他们拿着这版销售策划方案去跟客户沟通，就会轻松许多。

此后，我又叮嘱这些销售人员，在对客户讲解销售策划方案时，一定要告诉他们，哪些是他们多赚的，哪些是他们能节省下来的，哪些是为他们导流的新资源。总之，就是要告诉客户，买了你公司的产品之后，他们有机会获得一个中长期的价值，相信没有客户会放弃这样的机会。

依靠我为他们梳理出来的这套方法，这家公司的销售业绩直线上涨，很快便成为行业里的第一名。时至今日，他们还经常给我打电话，和我分享一个又一个捷报：今天，我们又拿下了哪家连锁店；明天，我们又将搞定哪个大客户……这家公司的负责人对我十分感谢，后来又请我讲了几次课。按照他的说法："我们的销售人员从来没有过这种状态。"

这个案例提到的就是一份成功的销售策划方案对销售团队业绩的巨大作用。我和很多学员都强调过一个观点：**好的销售策划方案，自己会说话**。即使你的销售团队无法跟客户当面沟通，也可以利用短信、微信等方式发挥它的作用。

既然销售策划方案如此重要，那它应当包括哪些内容？图3-2是我对销售策划方案的简单梳理。

图3-2 销售策划方案的主要内容

公司的实力介绍

你的公司是省高新还是市高新？你的公司具有怎样的技术优势？团队的研发优势是什么？产品的核心竞争力是什么？产品获得了哪些专利，取得了哪些技术上的突破？这些问题你都要在销售策划方案中一一列出。当你展现出公司的强大实力之后，客户对产品的信任自然会更深一层。

产品的价值或功能

你的产品有哪些核心功能？能够为客户解决哪些痛点？又能为客户创造何种价值？这些是客户最关心的问题，一定要在销售策划方案里详细阐述。

让客户眼见为实

眼见为实，耳听为虚。在你向客户展现公司实力和产品能够创造的价值时，大部分客户都会思考几个问题：他说的是真的吗？这个产品真的有这么好吗？因此，你的销售策划方案中一定要放上一些典型案例，用真实的案例和数据说话，让客户直观地辨别真伪。

产品创造价值的相关证明或资料

比如，奔驰的卖点是乘坐者的舒适度，宝马的卖点是驾驭的快感，特斯拉的卖点是新时代新科技，诸如此类的卖点证明或资料你都需要在销售策划方案中予以体现。

不断迭代的内容

销售策划方案需要不停地更新迭代，不能拿着一套销售策划方案应对所有客户，也不能拿着一套销售策划方案用一年。

比如，你的销售团队见了100个客户，在实战的过程中，你们发现这些客户对效果、价值、投资回报特别敏感，这些要素就需要在销售策划方案中重点突出。当以后面对更多客户的时候，销售人员可以重点讲解这些内容，其他部分可以一带而过，做到有的放矢。

随着实战的积累，不断迭代销售策划方案，把更好的案例、更好的解决方案不断地加进去。

一个好的销售策划方案，就是一个好的销售工具，更是一个标准化的解决方案。当不同能力、不同阶段、不同性格的销售人员，在面对不同性格、不同类型的客户时，就可以用上这套标准化的解决方案。如此一来，销售团队的管理者即便不到销售现场，也能通过销售策划方案帮助团队中的销售人员不断成长，不断提升团队的销售业绩。

客户购买的不是产品，
而是产品的价值

我在上课时，经常会问学员一个问题："客户购买的是什么？你给客户提供的又是什么？"

很多学员听了之后，都表示不太理解我的意思。在他们看来，客户购买的和他们提供的是同一种东西，也就是他们的产品，这件事根本不需要特别强调。

如果你认为客户买的只是你的产品，那么你就大错特错了。客户要买的绝非产品本身，而是产品能为他们创造的价值，这也是你要提供给客户的最重要的东西。如果你的空调夏天不能制冷，冬天不能制热；如果你的冰箱每天自动断电几个小时，无法让食物长时间保鲜；如果你的路由器总是断网、手机无法接打电话或使用微信……请问，客户为什么要为你的产品买单？

很多销售人员的业绩之所以不太理想，正是因为他们只是在努力地销售产品，却忽略了将产品的价值最大化地呈现在客户面前。比如，在和客户沟通的过程中没有弄清客户的真正需求，没有第一时间让客户感受到产品的卓越性能，或者无法让客户对产品产生非它莫属的感觉。

一个成功的销售团队管理者，既要让每一名销售人员充分了解产品的价值，也要将这种价值清晰地传递给客户。这就需要管理者事先了解市场动向，挖掘客户的真实需求，探知客户对产品价值的认知，在弄清楚这些问题之后，再帮助团队中的销售人员进行梳理。

下面是我为大家总结出的产品价值的梳理思路（如图3-3所示）。

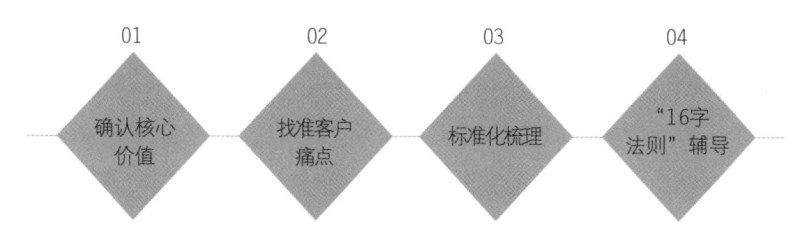

01 确认核心价值 — 02 找准客户痛点 — 03 标准化梳理 — 04 "16字法则"辅导

图3-3 产品价值的梳理思路

确认产品功能的核心价值

除了一些独创性或垄断性产品，市面上绝大多数的产品品类都有至少两个以上的卖家。换句话说，客户在见到你公司的销售人员和产品之前，很有可能已经接触过你的竞争对手了，对此类产品的基本功能相对了解。此时，如果你的销售团队在介绍产品时，无法让客户感受到产品优于竞争对手的独特价值，这次销售就有很大概率以失败告终。

因此，我想向大家强调，在梳理销售思路的过程中，一定要将产品的核心价值定位于客户的刚需。除此之外，你还要将产品独特的核心价值告知客户，比如我们的产品拥有哪些专利，我们的产品有哪些竞争对手不具备的功能，等等。

以手机销售为例。如果你卖的是 OPPO 手机，你就应强调"这是拍照功能十分强大的手机"；如果你是 vivo 手机的销售团队成员，你就应该重点介绍手机的音乐功能；如果你卖的是小米手机，你最好强调手机的性价比；如果你隶属于华为公司，那就应将介绍的重点放在手机的商务性能上。

我发现很多销售团队的管理者并不太擅长包装产品的核心价值，这便导致销售人员在客户面前无法说出产品的独特之处，从而失去签单的机会。如果你真的在这方面有所欠缺，没有关系，你可以发动团队的力量。在正式踏上战场之前，将大家召集到一起群策群力，集合所有销售人员的智慧，将产品的核心价值一一梳理，让大家带着这件攻无不克的武器上场拼杀。

找准客户真正的需求和痛点

一个产品往往同时具备很多的功能和价值,但这些价值大多有明确的针对性。这便意味着,销售团队在与客户沟通之前,一定要找到客户真正的需求和痛点,有的放矢。

我在阿里巴巴做东莞区域经理时,发生过这样一件事。有一天,团队里的某位销售人员告诉我,他有一个做工艺品的客户,马上就要跟我们的竞争对手签单了,金额是50万元。在此之前,东莞的销售团队还没有签过高于20万元的单子,我觉得应该珍惜这个机会,不能就这么白白错过。

于是,我通过该销售人员了解到这位客户第二天才会付款。得知这一消息之后,我立刻做了两件事。第一件事是让该销售人员立即预约该客户,争取在客户付款之前,我跟他见一面。我让这位销售人员与对方公司负责人取得联系,告诉他:"我们公司的区域经理想代表公司,向他了解此次合作没有成功的原因,只会占用他10分钟的时间。"刚开始,对方并不太配合,但是在我们销售人员耐心地解释之后,客户终于答应面谈。

得到了客户的许可,我又做了第二件事:让团队成员大量收集工艺品行业的相关信息,尤其是有关客户公司的信息。通过对这些资料的仔细研究,我发现这位客户长期为一些台资和港资企业代工,他在那一年想自行打通出口渠道,在年内实现将外贸出口额从零做到3000万元。这便意味着,他肯定需要一个能够完成这个出口额的团队。在了解这一情况之后,我的策略基本成形,虽然此时并没有太大的把握，但我还是决定试一试。

见到客户后，我进行了简单的寒暄，然后便十分直接地抛出了事先准备好的问题："听说您今年的外贸出口额目标是从零做到3000万元，这么大的量，肯定需要一个优秀的团队。请问，您的团队建立起来了吗？"

对方听了我的问题，颇有几分诧异，说道："你的消息很灵通啊，我确实有这样的想法，但是到目前为止，团队还没有建成。"

我心中一喜，继续问道："那明天跟您签单的公司，能够帮您快速建立和培养出这样的团队吗？"

客户没有回答，只是摇了摇头。

我便乘胜追击，接着问道："那您有自行培养团队的想法和能力吗？"

客户若有所思地看着我，说："我想培养自己的外贸团队，更希望借助合作伙伴的帮助。你有什么好的建议吗？"

在连续得到客户三次否定的答案之后，我心中有了较大的把握。于是，我很诚恳对他说："组建这样的团队，正是我们阿里的强项。我们自己就是在帮助客户成长的过程中一点一点发展壮大的。按照马总（马云）的话说，阿里的企业使命是'让天下没有难做的生意'。"

客户一听，态度发生了明显的改变，急忙问道："那你认为，我应当如何组建团队？"

我非常肯定地告诉他："您放心，只要您选择跟我们合作，我们就会帮助您在最短的时间内组建起这支团队,不会占用您太多的精力和时间。"

然后,我便跟他细聊了一些关于组建团队的重要环节,在当天便成功签单。

这就是找到客户核心痛点,一击而中的真实案例。我们的产品附加值正是帮助客户组建团队,而这也恰好是客户的刚需。在这种情况下,还有签单不成功的可能吗?

对产品价值进行标准化梳理

在销售过程中,不同的销售人员在面对关于产品价值的问题时,很可能会根据自己的理解给出不同的答案。为避免产生误解,销售团队的管理者要事先对产品价值进行标准化的梳理。

1. 内容标准化

前文提到,阿里巴巴的企业使命是"让天下没有难做的生意",每一个阿里人在谈到这个问题时,都会说得头头是道。比如,客户如果问我们的销售人员:"你们怎样让天下没有难做的生意?"销售人员便会具体诠释:"我们利用网络虚拟空间搭建的平台,把全世界的卖家和买家集中在一起,让买家买到全世界范围内最适合的商品,同时帮助卖家把产品卖到世界各地。"

由于我们事先对产品价值进行过全面而细致的梳理,基本上每一个客户在听到销售人员的回答之后都会十分满意。如果公司没有进行相关准备，我觉得阿里铁军的很多销售人员可能都无法准确回答这个问题，或者不同的销售人员会给出不同的答案。若真是如此，大部分客户都会对此表示怀疑，就连销售人员自己可能都不太相信。

将产品价值的内容标准化之后，你便可以让不同性格、不同能力、不同成长阶段的销售人员，在与客户沟通时准确表述产品价值，从而避免客户的误解，提升签单的可能性。

2. 表达标准化

销售人员在与客户沟通时的表现，对沟通的结果也会产生很大影响。比如，沟通时是自信满满还是犹犹豫豫，是谦虚有礼还是狂妄自大，是平铺直叙还是声情并茂……不同的表达方式，肯定会产生不同的沟通效果。

为了避免因表达方式不当造成客户不满甚至反感，管理者最好能够事先对团队中的所有销售人员进行统一的表达训练，力争让他们用同一种方式、语气和信心，向客户准确传递产品的价值。

万科的销售队伍历来颇受业界称道。不管楼市火爆还是低迷，他们都能保证大幅高出业界平均水平的销售额。销售人员的表达标准化，便是其成功的重要原因之一。我曾经参观过万科的楼盘，亲身感受过万科销售人员标准化的表达。

第一次接待我的是位女销售员，她在向我介绍时，能够做到既清楚介绍房子的基本信息，又完全口语化，没有丝毫背诵的痕迹。让我印象最深的是一个小细节是，在带我参观厨房时，她说："虽然厨房的面积不算太大，但结构合理，即便春节家里来三五个人，也能转得开身。"

后来，我的一位朋友想在万科买房，我便带着他又来到了万科的这家售楼处。之前接待我的女销售员碰巧休息，一位男销售员接待了我们。我在旁边听着他的介绍，感觉用词非常熟悉，几乎跟那位女销售员讲的一字不差。在参观厨房时，他同样介绍说："虽然厨房的面积不算太大，但结构合理，即便春节家里来三五个人，也能转得开身。"与那位女销售员的介绍词一模一样。

用"16字法则"进行辅导

销售团队的管理者在对产品价值进行全面梳理之后，一定要在实战中对此进行验证。如果确实有效，便可以做成文档，编进销售策划方案里，让销售人员将此作为销售工具，真正运用到实际的销售流程中。

经常有学员跟我反映："贺老师，我们已经按照您教的做法执行了，可是团队的一些成员还是不太理解，一遇到客户就不敢照着说。"如果你也遇到了这种情况，请回想一下我此前介绍的"16字法则"：我做你看，我说你听；你做我看，你说我听。团队里销售人员执行不力的最好解决方案，便是带着他们反复地实践锻炼，直到他们在面对客户的疑问时再也没有任何犹豫，可以有针对性地为客户提出解决方案为止。只有这样，才能让销售人员在销售过程中有底气，能说、敢说，也会说。

清除客户潜在的担忧

很多销售团队的管理者都向我反映过这样一个问题:"贺老师,我的团队成员经常会遇上一些优质客户,对产品有需求,也有购买能力,双方沟通得很愉快。可是每当快要签单的时候,客户总会以各种借口委婉拒绝,不是说价位有点高,就是说还想再考虑一下,或者说还要跟合伙人商量一下。这种情况一多,我们团队的业绩就上不去,销售人员都不知道该怎么办了。"

很多销售人员在销售过程中都会遇到这个问题,属于大概率事件。有些销售人员处理这种问题的能力比较差,其中一些人会直接放弃客户,另一些人则会选择继续想办法说服客户,但是,继续说服的成功率往往低得可怜。这是因为他们没有看透隐藏在客户种种借口之后，真正阻碍他们下决定的原因。在这种情况下，你就有必要指导他们找到问题的症结所在，扫清队伍前进的阻碍。

找到客户不签单的症结

在通常情况下，下面的两种方法会比较有效。

1. 直接询问

面对困惑，我们可以让销售人员直接向客户发问："王总，您具体有什么顾虑？""张总，您觉得我们还需要在哪方面进行改进，您才能把这件事确定下来？"

正常情况下，客户在面对销售人员的直接提问时都会给出一个反馈。这样一来，销售人员就可以或多或少了解到客户的顾虑，从而对症下药，拿下订单。我说的正常情况，是指在前期的沟通中，销售人员已经充分获取了客户的信任，客户愿意跟他们交换意见。如果销售人员还没有获取客户的信任，这种直接询问的方法就无法奏效了。

2. 望、闻、问、切

如果销售人员直接提问，客户却不愿意给出明确的答复，你就要结合整个沟通过程，认真思考解决方案，也可以参考我之前提到过的"望、闻、问、切"法。具体而言，就是观察客户是否愿意跟销售人员沟通，实地感受他们的沟通氛围，体会客户的情绪变化，设计一些能够深挖客户真实想法的问题，等等。

对销售新手的正确引导

对一些缺乏经验的销售人员来说，尤其是那些刚入职不久，还没有经历过系统化培训的新人，他们往往无法妥善处理客户说"不"的情况。此时，便需要销售团队的管理者对他们进行正确的引导和帮助。你可以从以下三个方面入手。

1. 检查客户源头

你可以在取得销售新人同意的情况下，检查他的笔记，看看他对客户的定位是否正确。如果经你判断，客户其实不属于团队的目标客户，这样的客户便可以立刻放弃。因为销售新人在客户源头上就产生了错判，后期花费再多力气也都不会产生效果，应当立即止损。不仅如此，你还应该利用经验，专门提升他对客户源头的判断能力。

另外，如果他的判断出了错误，说明在他的 CRM 系统里一定还存在其他判断错误的客户。因此，你一定要仔细检查他的笔记和 CRM 系统，如果发现里面存在很多被错判的 A 类客户，就要及时告诉他哪些才是真正的 A 类客户，然后督促和协助他完成签单。这个问题对一个销售新人来说十分致命，很有可能让他在多次努力无果之后彻底放弃销售事业。因此，管理者一定要加以重视，及时发现并予以纠正。

2. 帮忙找出问题

如果销售新人在客户源头的判断上并没犯错，只是由于经验不足，很难看破客户拖延签单背后的真实意图，此时，你就应该及时介入，教会他们如何找出客户隐藏在内心深处阻碍签单的原因。

我在带销售团队时，始终对销售工作的前线十分重视，尤其关注新人的成长。开会的时候，如果发现新人的业绩不够好，我就会跟着他们一起去拜访客户，看看他们在销售过程中到底出了哪些问题。

有一次，我陪着一个销售新人拜访客户。在他看来，这是一个十分优质的客户，却始终出于这样那样的原因无法顺利签单。在陪访的过程中，我发现这个客户正在跟我们的竞争对手谈合作，对方的产品不错，客户也有一定的认同感，但也没有签单，客户总是希望得到更多、更有针对性的服务。

过了一段时间，这个新人还是没能拿下这个订单，只好无奈地找到我，让我给他想想办法。由于我在上次陪访时已经发现了一些问题，便告诉他："你可以向客户承诺，为他提供我们的线下培训课资源。我再为你指定一位销售主管，为他们进行售后服务。"由于我的方案戳到了客户的痛处，这份订单很快便签了下来。

3. 告知解决客户担忧的方法

在帮助销售新人找到签单的真正阻碍之后，你就要告诉他解决的方法。如果客户担心产品的稳定性，就让他拿着证明资料去解除客户的担忧；如果客户担心售后服务，就让他向客户展示一整套售后服务流程，让客户深入了解公司的售后保障体系；如果客户担心产品效果，就让他拿出成功案例说服客户。

总之，无论客户有哪个方面的担忧，你都要想办法为他解决。当然更重要的是，要把这些方法教给你的团队成员。这种做法不仅能够帮助他们拿下订单，还可以让他们体会到你对他们的关心和重视，帮助他们树立信心，更快更好地成长。

我讲的这几种方法基本是点对点的辅导，比较耗费销售团队管理者的精力。你也可以整理出一套适合大多数销售人员的方法，以书面形式发给团队中的所有成员，督促他们学习。在日常的"早启动"和"晚分享"时，你也可以将这套方法作为培训资料，让大家尽快掌握。

销售工作是一项相对繁杂的工作，为了能把产品卖出去，销售人员会在事前做充分的准备——从收集客户资料到进行电话预约，从进行有效拜访到促成交易。如果在临门一脚时，因为没有清除客户的潜在担忧而无法拿下订单，那之前的辛苦和努力就全白费了。

管理者一定要尽量避免这种情况的出现，这就需要你在事前教会销售人员做好应对客户顾虑的打算，事中教会他们解决客户顾虑的做法，事后还要让他们不断完善工作能力，防患于未然。事前、事中、事后都做好了，一个可复制的系统化解决方案便成形了。

搞定不能快速签单的客户

有一次，长沙一家公司的销售总监在课后找到我，跟我说："贺老师，我的团队最近人员流失率有些高，好多人都明显表现出了对销售工作的失望，我该怎么办？"

通过深入沟通我了解到，他的团队成员之所以会出现这种情况，是因为在最近一段时间内，好多销售人员都在销售的最后一个环节——签单上出了问题，严重打击了销售人员的自信心和斗志。

如果要解决这个问题，就要先理清客户不签单的原因。对大多数销售人员来说，他们往往对客户不签单的理由了解甚少。在这一节中，就让我们顺着销售人员的思路，试着逆向推导客户不签单的理由，并找到解决的办法。

你可以先让销售人员正面思考："客户为什么要跟你签单？"答案一定是产品能解决客户的需求，为客户创造价值。那反过来想想，客户一直不签单，是否说明公司的产品还没有满足客户的需求。

这个时候，管理者应该跟销售人员共同思考，找出客户具体不满意产品的哪一点，然后针对这个问题想出解决方法。一般来说，你肯定不会向客户推荐对他完全没有帮助的产品，因此，你要做的是在产品的价值中找到让客户动心的那个点，从而打动客户，完成签单。

总之，如果正面突破无路可走，那你就可以告诉销售人员从反面进攻，试着逆向推出客户不签单的理由，然后找到相应的方法进行解决。

有位学员曾跟我分享过这样一个案例。

在他的团队中，有位新人的工作方式比较呆板。有一次在跟客户沟通时，客户对他说："我觉得你们的产品在××方面不太好。"听了客户的反馈，这位新人误以为客户只关注产品的这个特定功能，于是便选择了放弃。

其实，产品的其他功能完全可以弥补那个弱项。当这位学员发现这个问题之后，便从新人手中接过了这个客户，很快便促成了签单。

对客户来说，如果不能解决他们的需求，再好的产品也是无用的产品。换言之，大多数客户只需要产品拥有某方面的功能，对其他功能并没有特别的要求。因此，你要告诉团队中的销售人员，不要因为客户说出产品的某个弱项就打退堂鼓，而应从客户的角度多思考。

如果客户说产品价格太高，是不是因为他看到类似产品的价格比较低廉？如果客户说产品能创造的价值太小，是否意味着他希望听到产品能实现某种价值，而销售人员并没有提到？如果客户说想和之前合作的公司继续合作，不打算考虑新产品，是不是因为客户在我们的产品上没有看到任何的惊喜之处？

有一句话我非常认同：**好的销售人员并不是想要卖东西给客户，而是陪着客户一起买东西**。对销售人员而言，一定要多站在客户的角度思考问题，在签单的时候试着想一想："如果我是客户，我会怎么想？"

销售到了签单的最后阶段，很多时候都需要我们给客户一点小小的助推。只要弄清楚客户不签单的原因，我们就可以对症下药（如图3-4所示）。

01　准确传递产品价值

02　找到比同类产品出色的功能

03　总结经验，为下一次签单做准备

图3-4　推动客户签单的方法

准确传递产品价值

此前我已多次强调，客户签单的理由无非是产品解决了他们的刚需，或者为他们创造了价值。对企业用户来说更是如此，客户在买单时的最大期望就是产品可以帮助企业带来效益。

阿里铁军面对的都是企业管理者，想让他们掏十万八万元购买产品，就得让他们看到产品可以为他们创造百八十万元的利润。这些管理者大多在商场上摸爬滚打多年，久经世故。很多销售人员在初次面对他们时，难免会在气势上矮了半截儿。这时候，唯一能够让这些管理者下定决心签单的就是产品的价值。

我在第一时间就想明白了这个道理。为了提升团队的业绩，我便带领团队里的其他销售人员，事先将销售流程中所有可能产生的问题进行汇总，并准备好对应的解决方案，其中便包括如何将产品价值最大化地呈现在这些企业管理者面前。

从严格意义上来说，产品价值比优惠力度、售后服务等其他因素更为重要。如果无法清楚地看到产品的价值，客户肯定不会轻易掏钱买单。

找到比同类产品出色的功能

对客户来说，他可以选择你的产品，也可以选择竞争对手的产品。那么，你和竞争对手比拼的到底是什么？答案是两家公司的负责人和销售管理者的智慧。在销售之前，你就应当明白，自家的产品和竞争对手的产品相比，优势是什么，不足是什么，明晰了这些，在和客户沟通时就能扬长避短，将产品的优势最大化，从而打动客户。

我在杭州做销售的时候，遇到一家做粮油外贸的客户。上门之后，我才知道当时客户已经决定要和竞争对手合作，准备签一个40多万元的合同。

面对有意愿、有付款能力的好客户，我不想放弃，但我怎样才能争取到签单机会呢？我开始搜集资料，在竞争对手的网站寻找还有哪些粮油行业的供应商，发现只有一家。如果这个客户也开始做粮油供应，加上他也就只有两家。没有供应商，也就没有更多的买家，而阿里巴巴网站上却有很多家粮油供应商。

我认为这个优势可能成为我的签单机会，就第一时间给对方打电话告诉他这个消息，"请您在公司等我一下，我去公司当面把资料给您"。

最后，我就是运用这个关键的产品价值和优势打动了客户，并成功签单。

总结经验，为下一次签单做准备

从业时间长了之后，你会发现总有那么一些客户，会让你在用尽浑身解数之后依然找不到他们不签单的理由。需要提醒各位一句，即便无法签单，最好也不要直接离开，不妨再多说几句：

"我已经看出来，您是一定不会跟我们签单了，以后我也不会再来打扰您，这可能是咱们之间的最后一次交流。所以，您能不能把不签单的理由明白地告诉我，就看在我跟您沟通了这么长时间的分儿上，拜托了。"在这种情况下，客户多半会说出实情。

在你通过这种方式掌握客户不签单的真正原因之后，如果能够解决自然最好，如果实在无法解决，就在日后的销售工作中尽量规避。

在本章的最后，我想告诫广大销售工作者：不要舍不得放弃客户。如果这个客户无论如何也签不下来，就不要再坚持了。很多销售人员在这个阶段都会变得患得患失，越签不下来越觉得不甘心，总觉得再努力一下就能成功，结果却不知不觉拖了很长时间。拖到最后，自己很累，客户也很烦，还影响了与其他客户的正常沟通。

我现在所在团队的一名销售人员遇到一个做茶叶贸易的客户，在和客户见了一面之后，针对客户是否认可产品、能不能付得起钱，以及产品的价值和客户的渴望是不是点对点匹配并没有当场确认。这名销售人员并没有意识到，不管是什么客户都只会给他一次机会，而他并没有把握住这次机会。

他已经跟进这个客户10多天了，迟迟约不到第二次和客户见面的机会，只能通过电话沟通。我判断以他现有的能力，无法在电话中和对方点对点进行价值的有效传递，拖下去就是在磨洋工，在做无效沟通。因为做销售，就是认知和价值的相互匹配。基于这种情况，我认为不如放弃，让他去开发那些有意愿、有付款能力、是关键人的新客户。

但是如果这是个优质客户，这名销售人员不具备签下这个客户的能力，并不代表不可以让具备这个能力的销售去跟进、去签单，但作为管理者的你要帮助这名销售人员做个了断。

放弃客户是有原则的，如果客户没有需求、没有预算，也不是第一关键人，你说了该说的话、做了该做的事，努力到无能为力、拼搏到感动自己还是签不下客户，那就果断放弃。

我之所以能够在很短的时间内成为一个顶尖的销售人员，其中一个很重要的原因就是我从来不浪费时间。即便客户明明在前一天答应了要签单，但过了一天就反悔，我也不会气馁。遇到这种情况，我的选择往往是果断放弃，从这次销售经历中吸取教训，争取在其他客户身上收获双倍甚至 10 倍的订单。

[**本章小结**]

销售过程管理的 6 个层面

- 客户源头：摸准客户脉搏和痛点。
- 有效沟通：了解需求和介绍产品。
- 销售策划方案：拜访客户的关键资料。
- 产品价值：找到产品价值和客户需求的焦点。
- 客户担忧：对客户的担忧对症下药。
- 不签单的理由：主动出击，找到原因。

销售策划方案的五大内容

- 公司的实力介绍。
- 产品的价值或功能。
- 让客户眼见为实。
- 产品创造价值的相关证明或资料。
- 不断迭代的内容。

第四章

拿结果：
没有业绩，一切都是空谈

很多人都相信一则心灵鸡汤："结果不重要，过程中的经历才是最宝贵的财富。"如果放在一个衣食无忧、无欲无求的社会环境当中，这句话的确称得上是金玉良言，但在当今这样一个以结果论成败、以成绩分高低的时代，没有业绩，一切都是空谈。

达成"赢"的结果：公司赢 + 团队赢

关于树目标、追过程，前面的两章我们已经进行了详细的解读，接下来我们要探讨的课题就是拿结果。

有些人或许不太理解，为什么是"拿"，而不是其他动作。其实原因在于，结果是我们在树立了正确的目标，经历了努力的过程之后，自然而然拿到的成绩。对管理者而言，你做了多少对销售人员树目标的辅导和追过程的管控与指导，将直接关系到你的结果。

最理想的结果当然是公司与团队的双赢。但要达成这个"赢"的结果，除了在树目标、追过程的销售环节提供应有的助力，管理者还需要做出额外的努力（如图 4-1 所示）。

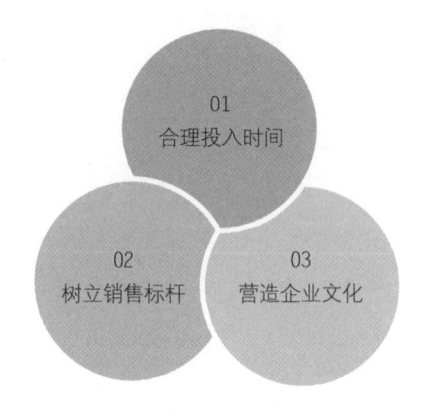

图 4-1　达成双赢结果需要管理者额外付出的努力

合理投入时间

在一个销售团队中，管理者通常要面对各种不同素质、不同性格的销售人员，这也就意味着，在同样的单位时间里，管理者针对销售人员进行的指导和培训，在个人身上达成的效果也会有所差异。因此，作为一个优秀的管理者，你要学会将有限的时间投入产出比更高的销售人员身上。

对于这种说法，我相信很多人会持反对意见："管理者不是应该一视同仁吗？对于每一名销售人员，都应该倾注同等程度的关注。"这当然是种美好的愿望，然而现实却十分残酷。每一名管理者的时间都是有限的，你消耗一天的时间培训一名既有悟性又有拼搏精神的销售新人，和用同样的时间改变一名固执己见、不听指挥的销售人员，最终拿到的结果将会天差地别。

想要实现合理的时间投入，关键在于选对人。在一个团队当中，销售人员的学习能力和执行能力很有可能良莠不齐。作为管理者，我们要具备辨人识才的眼光。从他们进入公司的第一天起，就要时刻对他们保持关注。

我根据多年的实战经验总结出顶尖销售人员的四大标签：热爱销售、主动好学、适应高强度工作和强大的执行力，管理者可以依据此来判断团队中的成员是否有潜力和能力。

3分潜力、3分能力的人，我不建议选，因为在他们身上的投入产出比不划算；6分潜力、3分能力的人愿意拼搏，勤能补拙，通过6分训练能让他们快速成长；9分潜力、3~6分能力的人，通过9分训练有很大机会成为顶尖销售。

俗话说，路遥知马力，日久见人心。大多数公司之所以在正式聘用员工之前设置一定时间的培训期和试用期，就是为了给管理者留足观察的时间，能够根据员工日常的表现和培训的成绩挑选出"对"的人。

选到了"对"的人，等于帮助管理者明确了时间投入的方向，接下来的工作重点就是如何利用有限的时间进行正确的因势利导。不管是通过官方培训还是私下辅导，最终的目的就是提高挑选出的销售人员的工作能力和水平，帮助团队和公司更高效地拿到"赢"的结果。

树立销售标杆

所谓"赢"的结果，是要实现团队和公司的双赢。需要注意的是，虽然双赢只有两个维度，却具备多个层面。

第一层，销售人员的成长。销售人员通过持续的业绩提升，实现自己在前期确定的每个目标。

第二层,基层管理的奏效。销售主管管控好过程,让团队不断成长,持续地拿到每个结果。因此,要通过你的打造,让业绩突出的销售人员变成真正的销售标杆,继而成为你的左膀右臂,帮助团队其他成员也获取赢的结果。

第三层,高层管理的凯旋。销售总监通过数据化管理实现自上而下的同频,以众多团队的成功堆砌出公司整体"赢"的结果。

说到这里,我想跟大家分享一件十分有趣的事。大多数公司在组织团队内部培训时,都倾向于让团队中业绩最好的一个或几个员工给新人传授经验。实际上,这种培训无异于让教高等数学的教授去给小学生做习题讲解——阳春白雪,曲高和寡。精英级的经验和思维方式,不是初学者可以马上领会并加以实践的。

如果你将提供培训的人换成新入职没多久,但水平略高于纯新手的销售人员,新人就会觉得彼此间的距离并没那么遥远。培训人员讲的话,新人都能听得懂,这样便很容易达成一致,辅导的效果也会更好一些。

因此,我们在树立销售标杆的时候也要分梯次设立多个不同的标准。

从我个人的经验出发,可以按照"271"模式对销售团队加以划分,即20%的水平比较优秀,70%的水平一般,还有10%的水平较差。在中等水平的70%中,我们还可以按照对半的比例,分为"7上"和"7下"两部分。"7上"的水平中等偏上,而"7下"则稍微差一些，但比水平较差的那10%更强。

此后，我们便可以在"2""7上""7下"三个梯次中树立三个销售标杆：由"2"辅导"7上"，"7上"辅导"7下"，而"7下"则去辅导相对较差的那10%。

树立梯次标杆，不仅能够辅助管理者进行销售培训，也是激发团队战斗力的有效手段。梯次之间相对较小的差距，让标杆成为可追赶的切实目标。经过具体有效的辅导，后一个梯次的销售人员会不断地向前一个标杆迈进。这对前一个梯次相对优秀的销售人员来说既是压力也是动力，会督促他们继续进步，以保持自身的优秀。

如此一来，公司的人才培养也就形成了良性循环，会在未来持续地实现"赢"的结果。而你作为销售团队的管理者，工作压力也会相应减轻，可以用更多的时间去思考并解决其他更为重要的问题。

营造企业文化

某知名企业的管理人员曾在我的课堂上提出这样一个问题："如何处理总公司与分公司之间的关系？"随着国家经济的持续发展，大型企业越来越多，我相信，这个问题同样困扰着分公司团队的管理者。

在那些大型企业中，分公司遍布全国各地，山高皇帝远，无论是经营还是管理都具有较强的自主性，这便导致了一个现象的产生——分公司团队与总公司之间的关系割裂。这种"将在外，君命有所不受"的状态，其实并不利于实现团队与公司双赢的结果。

造成这种问题的主要原因，通常在于分公司管理者的价值观发生了扭曲，从而让整个团队受到了不良影响，最终导致全面脱节。既然如此，解决这个问题的关键就在于，作为总公司管理者的你应具备文化传承与传播的能力。

因此，我们在任命分公司团队的管理者时，要充分考虑他的价值观是否与总公司一致。我们需要的管理者是"又红又专"型的。"红"是指拥有一心为公司的统一价值观，"专"则是指拥有较强的专业能力和管理能力。只有这样的分公司团队管理者，才能让总公司放心，让领导省心，让下属安心；只有这样，企业的文化才能传播得更为长远。

> 阿里铁军就是这样一支"又红又专"的队伍，每一个管理干部都是通过这个标准选拔出来的。任何一个城市经理，公司如果不是对他百分之百放心，绝对不会把他派出去独当一面。当他从销售人员晋升到主管时，我们就会考量他的价值观，只有价值观一致，才有可能从主管晋升为经理，从经理晋升为高级经理，直至总监、资深总监。
>
> 阿里铁军的每一个团队管理者，都是阿里价值观的传承者。他们在践行公司价值观的同时，也会传承一批有着相同价值观和高超业务能力的销售人才。正是这样的代代传承，推动着阿里铁军这支无坚不摧的销售队伍不断向前发展。

共同的价值观，会将地理位置上存在距离的分公司与总公司紧密地联系在一起。这样，即使我们不去管分公司的经营，也不用担心它会出现方向性和原则性的错误，因为我们有着共同的目标——达成"赢"的结果。

"早启动"不是"喊口号"，而是做细节

之前讲过，阿里巴巴的销售管理体系分为三步：早启动，晚分享，中间抓陪访。虽然只是简单的一句话，却包含了整个销售管理过程中最为重要的三个环节。让我们先从早启动说起。

相信大家对于早启动一定非常熟悉，它还有一个更加通俗易懂的名字——早会。在很多传统公司中，早启动有两种形式：第一种是"喊口号"，比如"加油""我们是最棒的"等；第二种是"做早操"，比如，一些美容美发店和地产公司，每天早晨都会组织员工在店门口活动身体、舒展筋骨。

如果单纯从提升员工工作状态的角度来说，这些形式的早启动确实具有一定效果，但在我看来，提升状态只是早启动最基本

的作用。一天之计在于晨，作为销售人员到达公司后第一时间进行的活动，早启动应该成为他们接下来一天工作的计划和指导，这便是阿里铁军式的早启动。

"打鸡血"

古人常说，"近朱者赤，近墨者黑""久居兰室不闻其香，久居鲍室不觉其臭"。环境对人的巨大影响力由此可见一斑。当你在早上到达公司时，如果见到的每一个人都斗志昂扬，你的情绪也会受到感染，迅速转换成高效的工作状态，但如果你遇到的每一个人都昏昏沉沉、有气无力，或多或少也会让你无心工作。因此，早启动的第一个任务就是唤醒销售人员的活力，提升他们的工作状态。说得更加通俗一些，就是"打鸡血"。

> 我还在阿里巴巴时，习惯于在桌边放一台小型单放机，每天早晨起床之后，都会放一段激情四射的销售语录，这会让我迅速调整状态，投入一天的工作中。这个状态会保持很长一段时间，让我能够始终处于相对亢奋的情绪中，这种情绪会对销售管理工作带来很大帮助，不仅能够影响我带领的每一名销售人员，也会传递给我的客户，提升签单的概率。

需要说明的是，我并不是让每个销售团队的管理者都像我一样每天给团队成员听一些慷慨激昂的鸡汤语录。目的是不变的，但方法是灵活的。不同的人有不同的情绪刺激方法，不能一概而论。有人可能会从安静的阅读中获取力量，也有人更享受提神醒脑的音乐轰鸣。因此，你如何给团队成员打这一针"鸡血"，要根据你对他们的了解以及公司的实际情况来决定。

列计划

"鸡血"打完了，销售人员基本也都进入了工作状态。接下来，早启动就应该正式切入主题——列计划。

所谓列计划，是指团队成员各自阐述一天的工作计划。比如，我今天要安排的新客户是谁，我今天打算拜访的客户是谁，甚至在什么时间、什么地点和客户会面，都应列入计划。

早启动是为了让所有销售人员明确自己从早晨9点半之后，到晚上回来之前详细的工作安排，以及当天的奋斗目标。这样的早启动可以让销售团队的管理者非常清楚地掌握团队中每一名销售人员当天的具体工作安排。

销售人员汇报当日计划的过程，在我看来也是让其他销售人员"照镜子"的过程。要知道，在一个销售团队当中，一定会有一些销售人员能够将一天的目标和行程安排得井井有条，而另一些销售人员则差距明显。两相对比，对安排妥当的员工是一种无形的赞赏，而对那些存在差距的员工也是一种正向激励，让他们能够找到自己的不足之处，有针对性地加以调整。

作为销售团队的管理者，你可以通过了解销售人员详细的今日奋斗目标，对他们的实施过程加以管控，帮助他们完善这一过程，从而拿到想要的结果。尤其是当你的团队成员计划不明确或者不合理时，你要及时帮助他们进行修正。

举个例子，你在早启动时发现，某位销售人员列的计划是要在今天完成4家客户的有效拜访，却没有明确的目标，也不存在明显的时间安排不合理。这种计划在我看来是一种不完整的计划。究其原因，可能是他确实没有精确的方向，但为了达到你的要求，只好用这种模棱两可的说辞敷衍你。

为了避免出现这种情况，你必须深究该员工计划中的细节问题，"逼迫"他制订更加细致明确的计划，比如，这4家客户都是谁，几点拜访哪一家客户，等等。这种细致的计划能够为你管控销售过程提供更多切入的角度和条件。

比如，你团队中的某位销售人员安于现状，在客户积累到一定程度之后，靠着维持老客户来保障自己稳定但不突出的业绩。这种情况在他列计划时会表现得尤为明显，你会发现他每天列的计划都是同样的内容，拜访的也始终是那几位老客户。

在我看来，这位销售人员并不缺乏能力，但他处于职业倦怠期，缺乏继续前进的动力。当这种情况发生时，销售团队管理者的督促会起到重要的作用。对于这种具备一定资历的老销售，你不能纵容他们按照过去的每日工作标准去制订计划。

比如，有的销售人员在新人阶段每日的工作量是4个有效拜访，但在他工作了一年之后还是每天4个有效拜访，这就是不合理的计划。此时，你应该根据他的真实能力水平，提醒他增加工作计划的内容，督促他执行新计划，帮助他继续进步。

做指导

　　解答销售人员的疑问，帮助他们持续成长，是销售团队管理者最重要的工作内容之一，但大多数销售人员缺乏这种主动沟通的意愿。从我个人的经验来看，在销售主管不主动找销售人员谈话的前提下，销售人员很少会主动向主管提问。这并不意味着他们的工作毫无问题，而是在他们遇到问题时会更倾向于彼此沟通、内部消化。你的时间是有限的，不可能逐个专门辅导。因此，你需要通过一次集体会议，统一解决团队当中出现的不同问题，早启动就是一个很好的机会。

　　在早启动时，销售团队管理者可以让销售人员自己提出问题，通过个人经验分享或集体讨论的形式，帮助他找到解决问题的方法，或选择相对有经验的同事帮助他。

　　比如，有些销售人员可能会说："我今天就安排了2家拜访，但公司要求我达到4家的拜访量，这让我很为难，另外2家从哪儿来呢？"这时，你可以把自己过去遇到此类问题时的解决方法传授给他，或者让团队中在客户拜访方面最有发言权的成员向他传授方法和经验。

　　请注意，早启动不是为了喊口号，更不是为了做早操，而是为了调整状态、制订计划和提出建议，让你能够直接帮助销售人员更高效地提升业绩，拿到最好的结果。

阿里铁军的"晚分享"机制

相较于早启动,晚分享环节更容易被销售团队的管理者忽略。大多数公司都会设置早会环节,但习惯在下班之前再开一个总结会议的只有很小一部分。尽管如此,这一小部分公司所做的晚分享,在我看来也大多不合格。

既然叫晚分享,当然是以分享为主。但我接触过很多传统公司,发现它们的晚分享做得比较糟糕。

我曾在一次课上向学员提问:"你们公司有没有设置晚分享的环节?"

很多学员大声回答:"有!"

于是，我接着问："那你们公司的晚分享都是怎么做的？"这回我得到了五花八门的答案。

有人告诉我："我们公司每天都会开'钉钉会议'或'微信会议'。"

也有学员说："我们公司每天都要求销售人员下班后回到公司汇报情况，对当天目标没有达成的销售人员采取惩罚措施，让他们当众检讨或做俯卧撑。"

还有人说："我们公司的晚分享就是汇报工作量，让销售人员挨个讲述当天做了哪几件事情。"

更有一位学员告诉我："我们公司是以日报的形式替代分享，让每位销售人员把一天的工作经历写成日报，告诉主管他今天的工作情况。"

这些分享是晚分享吗？当然是，有分享总比没分享要强。但在我看来，这些分享都是官僚主义，流于形式，并没有起到晚分享最重要的作用。

说句实在话，其实在阿里铁军的发展初期，晚分享做得也不好，或者说基本上没有晚分享这个环节，所有的销售人员基本处于一种被"放养"的状态，销售主管不会过多地干涉销售人员下班后的时间。当然这只是初期的情况，经过多年沉淀，现在的阿里铁军总结了一整套行之有效的晚分享机制和理念（如图4-2所示）。

01 "倒垃圾"：排解负面情绪

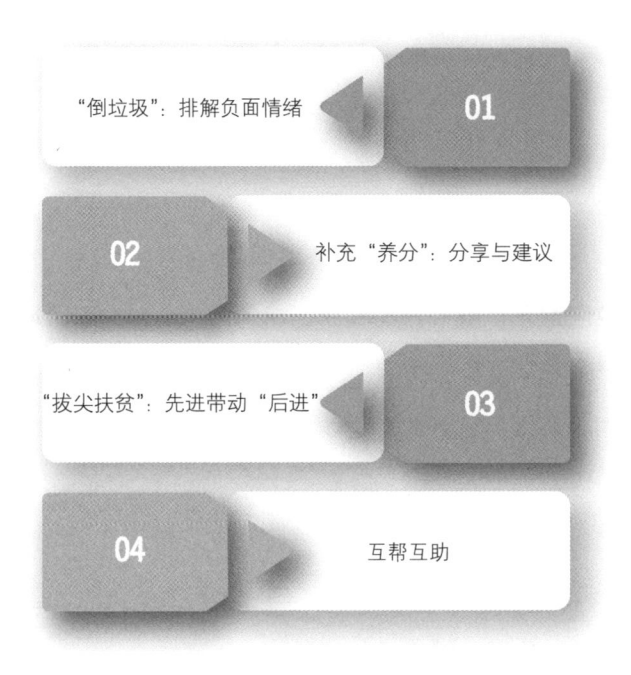

02 补充"养分"：分享与建议

03 "拔尖扶贫"：先进带动"后进"

04 互帮互助

图 4-2　阿里铁军式晚分享机制

"倒垃圾"：一吐为快，排解负面情绪

相信大家对于销售工作都有自己的见解，销售其实是一个不断被拒绝的过程，尤其是"地销"型工作，这一点和"地推"型工作不同。

在我的认知当中，"地推"是一种免费的销售行为，把产品免费送给别人，如果对方觉得好，再花钱加深合作。这种方式对销售人员的压力相对会小一点。"地销"需要客户掏出真金白银来购买产品，可能一件产品卖几百元、几千元甚至几万元。在相互并不了解的前提下，不管是电话约见、开发客户还是上门拜访，在销售人员与客户沟通之后，大多数客户都会选择拒绝，甚至还有很多客户不等销售人员说完便会挂断电话。真正的销售，就是这样一种持续被拒绝的工作。

在经历了无数次的拒绝之后，销售人员心中一定会产生郁闷、沮丧的情绪，我将这些负面情绪称为"垃圾"。这些"垃圾"如果不被及时清理，就会占据销售人员的内心，对其个人和整个团队都会产生非常不良的影响。

1. 对销售人员自身的影响

对销售人员个人来说，这些"垃圾"会不断消磨他的积极性，让他对之后的销售工作提不起精神，只是应付了事，导致个人业绩大幅下降，也会让他所接触的客户对公司产生负面认知。

2. 对团队中其他销售人员的影响

情绪是会传递的，心中有大量"垃圾"的销售人员总会想方设法和其他同事倾诉，时间长了便会形成"瘟疫"，击倒其他销售人员，甚至影响一些销售标杆。

3. 对整个团队的影响

当"垃圾"堆积到一定程度时便容易"腐烂"，也就是这位销售人员会自暴自弃，放弃这份销售工作。一旦他离职，便意味着你需要花费大量成本重新进行招聘，还会对团队整体业绩产生持续的负面影响。

言及于此，相信你已明白晚分享的重要意义之一，就是让心中有"垃圾"的销售人员找到发泄郁闷和减轻压力的场所，让他将一天工作中收到的负能量都释放出去，继续保持工作的动力和积极性。我将这个过程称为"倒垃圾"。在不断"倒垃圾"的过程中，销售人员会逐渐拥有更加强大的心理抗压能力，日后遇到再多的拒绝也能一笑置之。

与此同时，团队中所有的销售人员坐在一起，互相倾吐心中的不快，表达各种抱怨，能够在彼此间形成共鸣，一方面帮助他们分担压力，另一方面也能增强团队的凝聚力和向心力。

有一名老销售从台州调到杭州，成为我们团队中的一员。因为他是老销售，在客户开发、拜访上具备一定的基础，于是我先让他自己跑一段时间的市场，做客户积累。

当时阿里巴巴每三个月要考核一次业绩，他在台州的第一个月没签单，第二个月到杭州也没签单，到了第三个月临考核期还是没有业绩。

我就在一天的晚分享时找他了解没签单的原因，他大吐苦水，说自己刚来到杭州，相当于从零开始积累客户，再加上时间短，客户没积累好，自己又没盯紧，结果碰了一鼻子灰。

吐完苦水之后，我和他一起盘点他的客户。作为主管，我有责任帮助他盘点哪些客户有机会签单，哪些客户没机会。最后我发现，有一家家具行业的客户是好客户，他跑了一次但没签下来。我决定和他再去见一下这个客户，但是这次上门没有见到第一关键人。

从客户那里出来之后，我判断客户的实力很不错：因为关键人是董事长的儿子，在国外念过书，有做外贸的意识，只是没有见到他。于是，我让这名老销售约好第二次上门的时间，这次我们见到了关键人，但对方着急赶飞机，只给了我15分钟的时间。

我问他是不是有做外贸的想法，他说有这个想法，但一直很忙，顾不上。

了解完客户需要哪些市场的买家后，我给他搭配了一个109200元的套餐方案。

"×总，既然您想做外贸，也认可阿里巴巴的价值，您那么忙，不如我们现在就把这件事定下来？"最后客户当场签了字。

这笔单子在考核倒计时的最后一刻"救活"了这个老销售。此后，基于他在杭州市场做了一两个月只开发出一家A类客户，我想让他去新市场锻炼锻炼。当时公司正好要开发一个新市场，他也有做主管的想法，于是我先让他去那里做组长，带四五个人做业绩。后来他慢慢把业绩做了起来，新市场也得到了开发。

补充"养分"：分享问题，给出建议

"垃圾"倒空之后做什么？自然是理性的分析。一个销售人员每天都会遇到各种问题，比如，客户为什么总是拒绝他？潜在客户应该如何跟进？凡此种种，不胜枚举。不管问题出在哪个环节，都表明销售人员的能力需要提升。因此，销售团队的管理者需要给销售人员提供补充"养分"的环境，这是晚分享的又一大作用。

在你的团队中，肯定会有在这些方面做得相对到位的销售人员，比方我之前说的"271"模式，排在"2"或"7上"梯次的销售人员，就可以在位于"7下"或"1"梯次的同事提出问题时给出一些建议。

如果遇到一些比较棘手的问题，团队中的其他销售人员都无法提供比较好的建议，销售主管或销售经理就应当挺身而出，想办法为销售人员配置资源或调整主攻方向，尽量为他们排忧解难。这就是让销售补充养分的过程。

你也可以在晚分享时针对某一具体案例，让整个团队参与讨论，群策群力。比如，某位客户是什么情况，现在跟进到了哪个环节，用什么方法可以达成我们想要的下一步结果，等等。

如果你能在销售团队中坚持每天进行晚分享，团队中的所有成员每天都能获得至少一次的成长机会；但如果你不进行晚分享，或者你进行的是形式主义的晚分享，便意味着你的团队难以持续进步。

"拔尖扶贫"：分享经验，先进带动"后进"

除了分享问题，有的销售人员今天取得了较大成绩，那么也可以在晚分享时就事论事，让他和其他同事分享一下自己在开发、跟进、促单、签单各个环节的经验。

什么是"拔尖扶贫"战略？"拔尖"就是让那些有好方法、好业绩的销售人员分享他们的经验和方法，去帮助那些在成长道路上渴望学习、有行动力、渴望拿到好结果的其他销售人员，分享是最好的学习。"扶贫"就是帮助那些渴望成功、渴望提升的销售人员不断进步。

今天他分享了,下次他还渴望分享,而且下次他只能做得更好,才能有分享的东西,只有这样,整个团队的业绩和团队成员的能力才能更好、更快地提升和进步,这才是"拔尖扶贫"的意义所在。

阿里铁军一直在实施"拔尖扶贫"战略。"拔尖"是指处在"2"梯次的销售人员,他们的个人业绩通常比较突出,属于拔尖的水平;"贫"指的是业绩并不理想的销售人员。

如果拔尖的销售人员当天取得了某种成绩,比如签了单、让B类客户变成了A类客户,或者将C类客户成功地转化为A类客户等,团队的主管就会让他在晚分享时介绍自己的成功经验:他是怎么做到的?用了哪些方法?对整个过程有哪些心得体会?他分享的这些经验也好,技能也罢,对相对"贫困"的销售人员来说都是学习的重点。这就相当于我们每天都会在销售团队中进行一场培训会,"后进"的销售人员可以持续地获得培训机会,不断提升自己的销售水平。

阿里铁军就是用这种"拔尖扶贫"战略,先进带动"后进",将一个个曾经"贫困"的销售人员培养成了"拔尖"的销售人员。

其实,在分享经验的过程中还会产生一种十分奇妙的心理现象。一次次的分享会让那些业绩突出的销售人员对分享的整个过程上瘾,今天分享完,明天还想分享。明天分享的东西肯定跟今天不同，因为销售人员每天面对的客户不同，遇到的具体情况也千差万别。为了能够不断地分享，这些业绩突出的销售人员便会不断地提升自己的眼界和水平，这也间接地提升了他们的实际工作能力。

了解团队成员，互帮互助

除了以上三点，作为销售团队的管理者，你也可以通过晚分享深入了解每一位团队成员的具体情况。比如，谁的某项能力存在明显不足，需要有针对性地提升；谁在哪些环节做得很好，可以和同事分享；谁在生活中遇到了过不去的难关，应该如何帮他；等等。

销售团队的整体水平是衡量销售团队管理者的唯一标准，而团队的整体水平，与你每天花了多少时间、精力去帮助团队成员不断提升息息相关。因此，在晚分享的环节中，销售团队的所有相关管理者都必须深度参与。

当然，晚分享并不一定要正襟危坐，也可以把大家组织起来，一边吃饭，一边交流，无论是 AA 制还是公司请客，都会让晚分享的氛围变得更加活跃。大家聚在一起畅所欲言，这是多么美好的一件事！如果你能做到这样，甚至都不用花钱去做团建，就能营造出非常好的团队氛围。

现场管理，传授方法

管理层一般不是直接拿结果的人，而是通过团队中的销售人员实现他们的目标，间接获取销售团队的整体结果。因此，销售团队的管理者最重要的职责就是帮助团队中的销售人员快速成长。

销售是一个循序渐进的过程，销售人员从有效拜访、沟通，到有效谈判、探寻客户的真实需求和担忧的问题，再到最后签单，取得圆满结果，整个过程需要一定的时间。

作为管理者，你的任务就是及时发现每一名销售人员可能犯下的错误，并予以修正或弥补。或许有人会问："管理者怎样才能在第一时间知道销售人员在哪个环节出了什么问题？或者哪些环节可以提升他相应的能力？"最简单的方法就是现场管理，陪同销售人员一起到销售前线，去了解、感知、倾听、观察，全方位掌握他在整个销售过程中的每一个具体动作，也就是我说的"中间抓陪访"。

然而，这个过程恰好是现阶段很多公司，甚至一些知名公司相对薄弱的环节。有的销售团队管理者不知道如何陪访，还有些管理者压根儿没有想过去做陪访这件事。这样的销售团队，在管理的手段和力度上都存在明显问题，无法对销售人员提供他们所需要的疏导或指引。

为了解决这个难题，我将详细地跟大家分享，如何通过"中间抓陪访"进行销售过程的有效辅导。

在某些销售团队的管理者心中，中间抓陪访只是陪经验不足的销售人员去拜访客户。其实不然，**中间抓陪访还应包含指导销售人员有效收集资料、有效打电话、有效预约客户，也就是对整个销售流程的管控，以及对销售过程中发现的问题进行有效率、有结果的辅导。**

刚从学校毕业的销售新人通常没有多少销售经验，如果让他单独去销售产品，对他来说其实很困难。他根本就不知道应该做什么、怎么做，也不清楚有效的资料和有效的电话到底是什么，这些都是一个销售新人可能会出现的问题。

反观销售团队的管理者，大多是从一线销售做起，慢慢晋升至管理层。新人不懂这些内行的销售门道，但管理者肯定一清二楚。我相信大多数的管理者都愿意将自身的经验传授给团队中的销售人员，问题的关键在于如何传授。

有些简单的理论知识，你可以通过培训或者授课的方式，直接教给销售新人。但销售是个和人打交道的工作，需要面对面地和客户交流，理论知识往往无法充分解决问题。这便是我一直强调管理者要陪访的重要原因。只有你和他一起经历了销售过程的各个环节，你才能切实地帮助他快速成长。

陪访是传授方法，而不是帮着做业绩

你必须明白，你是在教销售新人如何进行销售，而不是在帮他做业绩。如果你陪访的目的仅仅是帮助他拿下订单，对他而言其实没有太大好处。即便拿下了这个订单又能怎样？这并不是他自身的能力。"授人以鱼，不如授人以渔"，陪访不是给他现成的鱼，而是教他钓鱼的办法。

这里需要提醒各位管理者，在陪访的过程中请你闭上嘴，带上耳朵和笔记本。如果方便，最好带上小型录音笔，仔细地倾听、记录。等销售人员和客户谈完之后，你再用记录或录音逐一分析他存在的问题，然后用你的经验教给他正确的处理方式。当然，现在的手机功能十分强大，用手机录音也可以。

之所以这样做，正是因为你要帮助销售新人成长，而不是代替他成长。很多销售团队的管理者经常会犯这样的错误：一旦看到销售人员和客户的交谈不顺畅，就把他晾到一边，自己来谈。如果你总是这样做，即便某一单你确实拿了下来，你肯定也无法观察到这名销售人员在销售过程中的各种问题。问题尚且没有找到，更别谈传授给他解决问题的方法了，这就是典型的本末倒置，也是比较失败的陪访过程。

完整地展示销售细节

如果一个销售新人确实还没有达到能够独立完成客户拜访的最低标准，那么你也可以采用另一种陪访方式——你来谈，让他在旁观摩学习。如果你使用的是这种方式，那就是他陪你，而非你陪他。此时，你需要对他进行完整的有效辅导，从开场白到最后签单的环节逐一展示。最终的结果并不重要，重要的是你在整个销售过程中，将一个销售人员应该做的所有细节都展示给陪同你前来的新人。

相比让一个并不成熟的销售新人直接与客户面对面，这种方法无疑更加稳妥。但我还是要提醒各位管理者，如果你对直接签单没有太大信心，事先就不要给他太高的期望。换句话说，如果你夸下海口，说这是一个A类客户，那就请你务必拿下这单生意；否则，你的这次教学行为就会成为团队中的反面案例，不仅让这位新人对你失去信任，还会降低你在销售团队中的威信，最终导致整个团队的执行力下降。

最好的方法是提前对要拜访的客户进行判断。准确告诉参与陪访的新人，这个客户是哪类客户，同时告诉他要想拿下这个客户现阶段可能存在的问题。此后，你在跟客户的交流中，用百分之百的努力去克服这些问题，争取最好的结果。即便最终签单失败，参与陪访的新人也能从中学到你展示出来的各种销售技巧，并且信服你的判断能力。

如果某位销售新人陪你上门拜访某位客户，那你一定要提前跟他讲明你对这个客户的判断。比如，你认为这个客户是一个C类客户，那就告诉他原因：这个客户不是第一关键人。

与此同时，你也要提前给陪访的新人打好预防针：如果我们有机会能将这位C类客户提升到A类，那自然再好不过；如果他真的只是一个C类客户，那就要争取去见他的上级或者那个最终买单人。事先和陪访新人进行细致全面的沟通，能有效调整他的期望值。无论结果如何，彼此都不会失望。

针对不同需求进行辅导

陪访包含了整个销售过程的各个环节：从打电话、收集有效资料、电话预约，到后面的一系列动作。你应该针对不同人的具体需求去做不同的辅导。比如打电话，你就可以旁听他如何在电话里跟客户沟通。听完之后，根据他的说辞进行相应的调整，然后让他继续打。如果他连着几次都失败了，你就可以做给他看，亲身示范打几个电话。在教授如何收集有效资料、如何进行电话预约时，你也可以采取这种方式。

阿里式的陪访，不是简单地陪同某位销售人员去见某位客户，而是销售团队的管理者陪同销售人员成长。**管理者不应该过于纠结个人业绩，而应多花时间和精力去帮助销售人员梳理销售流程的各个脉络。**通过提升他们的销售能力，来实现团队的结果最大化。

[本章小结]

"公司赢" + "团队赢"

- 合理投入时间。
- 树立销售标杆。
- 营造企业文化。

阿里巴巴式销售管理体系

- 早启动 = "打鸡血" + 列计划 + 做指导。
- 晚分享 = "倒垃圾" + 补充"养分" + "拔尖扶贫" + 互帮互助。
- 中间抓陪访 = 传授方法 + 展示细节 + 按需辅导。

第五章

销售不是讲故事，
而是讲方法、重成交

从市场营销学的角度来说，所谓销售，就是将产品或服务以有偿的方式提供给客户的市场活动。但就我个人而言，我更愿意把销售称为一场销售人员和客户之间的博弈，前者苦心孤诣想要获取客户的信任，最终达成交易，后者则经常避重就轻以便权衡利弊，选择是否交易。

状态和效率是顶尖销售的两大标配

对企业的管理者而言,如何提升团队中每一名销售人员的销售能力,是贯穿整个团队建设过程的主题。在我的课堂上,经常会有学员提出这样的问题:"管理者应该如何打造团队的顶尖销售人员?"

在回答这个问题之前,我先给大家讲一个自己的真实经历。

刚到阿里巴巴的第一年,我还是一名基层销售人员,所以每天都在不停地打拼。有一次在接近月底的时候,暂时排名第一的销售员业绩领先了我12万元,很多人都放弃了追赶,我也打了退堂鼓。但当时我的主管对我说:"影响你的不是远处的高山，是脚底的沙子，不到最后一刻，万万不能放弃！"

就是这句话深深地鼓舞了我，让我重新坚定了信念。在仅剩的半天时间里，我迅速检索了自己的客户资料，筛选出了一批可能签单的客户，然后逐一以电话的形式和他们进行沟通。功夫不负有心人，最后时刻，我连续签下了两个订单，超越了排名第一位的销售员，成为当月销售冠军。

很多人认为顶尖销售人员和普通销售人员之间的差距只是能力的强弱，但在我看来并非如此。因为公司都是按照固定的标准和流程进行招聘和培训的，虽然不能说团队中每个人都具备同等的销售能力，但基本素质通常不会相差太远。顶尖销售人员之所以能够出类拔萃，除了有相对优秀的业务能力，全力以赴的工作状态以及高效的工作效率才是主要原因。

状态建设

如果说心态是销售人员工作的内部驱动力，那么状态就是销售人员工作的外部驱动力。一个人的状态直接决定了他的工作效率和工作节奏，同时也间接决定了工作效果。

以下两点能帮助管理者激励销售人员，做好他们的状态建设。

1. 努力到感动自己，拼搏到无能为力

前面讲过，结果是过程的积累达到一定程度后，自然而然的产物。只有努力过，才有资格谈论结果；没有努力去抓过程，却还要求结果的美好，这简直是天方夜谭。虽然拼搏不一定带来好的结果，因为人的运气是世间最不可控的因素，但庸庸碌碌必然不会得到好的结果。

2. 为了自己的现在和未来而拼搏

很多销售人员都是抱着给管理者打工的心态在工作，所以对一些占用他们个人时间，看似不合理却对他们自身成长有益的事情，总是产生抵触情绪，结果就会在工作中敷衍、拖延管理者安排的任务。这样做不仅不利于个人工作效率的提升，也意味着他们放弃了成长的好时机。

顶尖的销售人员，都是把工作当作为自己的现在和未来所做的投资，都是为了充实自己，从而更快地成长，都是为了积攒更多的经验和资金。所以工作对他们来说，不单纯是养家糊口的途径，更是一种自我提升的过程。以主人翁的心态做销售，才能成为顶尖销售人员。

当然，知易行难，以上两点说起来简单，但想要贯彻实施却并非易事。首先，身为管理者的你要善于发现员工付出的努力，即使他们的努力最终没有产生好的结果，也一定要肯定他们努力的过程。其次，将薪酬制度和奖励制度公开透明化，把业绩和员工所得的挂钩关系直观地展示出来，让他们知道自己的努力会有明确的回报。最后，设置阶段性的培训课程，通过企业文化的熏陶，加强员工的心理建设。

效率建设

作为一名曾经的阿里巴巴基层销售人员，我清楚地知道一名优秀的销售人员和一名普通的销售人员在每天的工作量上存在多大的差距。

我在中供铁军的时候，俞朝翎是我们的直接领导。在他的带领下，当时我们团队里的每个人几乎都把时间用在了工作上。白天拜访客户，晚上设计文案，在去见客户或等待客户的过程中，还要挤出时间电话约见其他客户。这种高效的时间利用方式，让我们很快就成功地开辟了新的市场，并取得了不错的成绩。

顶尖销售人员不见得都是百年难遇的销售天才，更多的是通过超乎常人的努力实现业绩的不断提升。在同样的时间里，顶尖销售人员能够高效地完成数倍于普通销售人员的工作量，所以通过量变引发质变，他们才能更快地拿到更高的业绩。说到这里，管理者如果想要打造出顶尖的团队成员，就必须通过多种办法提升销售人员的工作效率。

分析顶尖销售人员的成功轨迹，不难看出每一个销售高手都是自我管理的高手：每天的客户拜访量、客户管理、时间规划等都有相当严格的标准。他们的成功不是偶然，很大程度上，一个普通销售人员和顶尖销售人员之间就差了一套完备的时间管理体系。

了解到这一点之后，管理者就可以通过设计销售人员的工作时间计划，让销售人员在特定的时间进行特定的工作，然后进行严格的监督，确保计划的实施能够保质保量。一段时间之后，根据团队整体的完成情况，逐渐提高单位时间内的工作数量。比如，刚开始的时候，可以让销售人员在下午 2 点到 3 点之间的一个小时内，进行电话开发工作，数量可以设置为 20 个。当销售人员能够比较快速地完成这一目标时，就可以把数量提升到 25 个或 30 个，具体的提升数量要根据团队的实际情况确定。

通过这种阶段式的发展计划，可以稳定地提高每名销售人员的工作效率。当然，这种计划的顺利实施，也需要员工以积极的心态和状态来配合。

状态与效率是一名顶尖销售人员不可或缺的两大素质，有状态没效率，只能是一味地蛮干；有能力没状态，也只能是埋没人才，沦为常人。只有二者兼备，才是团队顶尖销售的标配。

辅导销售新人的三个环节

虽然我们一直在强调顶尖销售人员和普通销售人员之间的差距在于状态和效率，而不是销售能力，但这种说法只适用于同样处于相对成熟阶段的销售人员。对刚刚进入销售行业的新手来说，他们的销售能力和优秀的销售人员，甚至普通的销售人员相比，还是有一定差距的。

我在前面的章节中提到过，销售是一个环环相扣的系统过程，在大多数公司中，销售工作基本被分成电话开发、上门拜访、签单三个阶段。所以，关于销售能力问题的有效指导，也要从这三个阶段入手（见图5-1）。

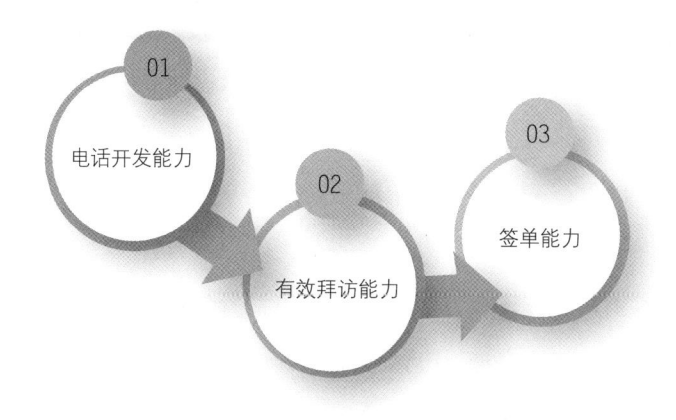

图 5-1 提升销售能力的三个阶段

电话开发能力的指导

电话开发作为一种收集客户资源的有效方法，从 20 世纪 80 年代开始兴起，迄今已经历了 40 年的历程。虽然现在已经进入信息化时代，各种网络社交媒体平台的应用逐渐取代了电话的功能，但电话销售所具备的直接性和有效性，始终是其他销售方式不可取代的。所以，电话开发仍然被很多公司视为提高业绩的不二法门。

对销售人员电话开发能力的培养，大多数公司都会将其视为入职培训以及后期辅导的重点环节。但是据我观察和了解，很多公司在这项能力的培训上一直都在做无用功。为什么这么说呢？

我曾经和很多企业的管理层进行过交流，在电话开发能力的培训上，他们大多选择以话术培训为主，即要求每一名销售人员都要熟练背诵各种固定的话术。这些话术有的源于实践，有的源于书本，虽然都具备一定的合理性和有效性，但话术毕竟要依靠销售人员自己来表达，所以，单一的话术不一定适合所有人的表达习惯。而且，一成不变的语句还有可能导致思维的固化，让销售人员失去灵活应变的能力。

话术不是金科玉律，真正合理的电话开发能力培训是教会他们如何有效地与客户进行电话沟通，而不是单纯传授具体的话术。

1. 明确哪些电话可以打

在打电话之前，你要让销售人员明白什么样的电话可以打，什么样的电话不可以打。主要的考量标准有三点：第一，公司的产品是否能满足客户的需求；第二，同类型的客户在公司经营历史中是否有成功案例；第三，客户的购买能力是否能够负担购买公司的产品或服务。符合这三点用户画像的客户，属于优质客户，是一定要沟通的对象；符合其中两点要求的属于机会客户，也可以尝试沟通，但前提是两点中必须包含第三点，因为如果没有足够的购买力，即使客户想要达成合作，也不可能成功。对于没有购买力的客户，没有联系或沟通的必要。

2. 打电话前设定沟通方向

在拿起电话之前，管理者要提前验证销售人员是否已经设定好沟通的大致方向。管理者可以让他简述他想如何打这个电话，比如，怎么说开场白，被拒绝后怎样留住客户，等等。管理者还可以直接扮演客户，对销售人员进行模拟演练，从中找出问题，并予以纠正。

3. 亲自示范，传授经验

对于销售经验基本为零、表达能力相对有限的团队成员，管理者可以让他先查找资料，然后你来示范如何进行电话开发，通过言传身教，把你的经验直接灌输给他。

那么，是不是做好了以上三点，对销售人员的电话开发能力的培训就结束了呢？当然不是。我一直都在强调，理论与实践是不同的，即便是真理也需要满足一定的条件才能具备有效性。所以在培训完成后，管理者要持续帮助销售人员，解决他们在实际应用中出现的具体问题，直到他们建立起自己的话术系统，以及特殊问题应对机制。

> 我在阿里巴巴做销售的时候，曾经带过两名助理，名义上是助理，实际上就是我的一个小团队的成员。在对他们进行电话开发能力指导的时候，我采用的方法就是每天晚上陪着他们打电话，一边听，一边指出他们话术中的不足。必要的时候，我会自己打一两个电话，让他们认真地听我与客户问答的过程。从头到尾我都没有要求他们死记硬背各种话术，而是让他们在自己打电话或听别人打电话的过程中，领悟话术的真正意义和实际目的，然后形成他们的个人风格，这样才能让他们在使用的时候可以更加得心应手。

有效拜访能力的指导

虽然电话沟通对于开发客户资源有着重要的作用，但仅仅依靠电话联系很难实现签单,这一点我相信具备销售经验的管理者都深有体会。眼见为实,耳听为虚。通过电话开发出客户后,销售人员一般会以上门拜访或邀请拜访的形式,与客户达成面对面的沟通,以此形成双方之间的信任,最终促进签单。

相对于电话联系,面对面的拜访要面对更多具体而特殊的情况,这些问题只靠话术一般无法解决,需要大量的前期准备和沟通技巧,才能保证拜访的有效性,而这些正是普通的销售人员所欠缺,需要管理者进行培训的内容。

1. 拜访前详细了解客户资料

在进行拜访之前,你需要指导销售人员对客户资料以及信息进行系统的整理。比如,即将拜访的客户属于A、B、C哪种类型,客户对公司的产品或服务的主要需求点在哪,客户的购买力如何,等等。只有充分地了解客户,在面对面的交流中,销售人员才能占据主动,把沟通导向有利于自己的一方。

2. 沟通技巧的辅导

有效拜访能力的辅导,自然少不了沟通流程的设置。首先,从开场白到有效地挖掘出客户需求,这是销售人员需要主动的阶段,一定要积极地询问,尽可能多地获取有效信息。其次,根据获取的信息,尝试挖掘出客户担忧的问题,解决客户的顾虑。最后,客户一定会有一些具体问题需要咨询,销售人员要做的就是据实回复,耐心地解决客户的疑难问题。

3. 制订合理的拜访计划

作为管理者,你可以辅导销售人员制订合理的流程计划,将每个环节需要提的问题，以及客户可能想了解的信息，制作成具体的资料，辅助拜访过程顺利进行。

除此之外，管理者还可以把自己的拜访经验传授给销售人员，比如，沟通时的语气语速，面对质疑时不卑不亢的态度，等等。但最重要的是要鼓励他们，让他们相信自己的能力，保持自信的状态，只有这样才能在拜访过程中保持冷静，把所学的知识和技能灵活地加以运用。

对于需要实地指导的团队成员，管理者也可以采用陪访的方式和他一起去拜访客户，至于是他说你听，还是你做他看，要根据客户的重要程度和销售人员的能力水平来决定。关于陪访的具体操作和指导，我们在前面的章节中已经详细地讲过，这里不再赘述。

签单能力的指导

在完成电话开发和有效拜访之后，签单是最终实现拿结果目标之前的临门一脚。但往往正是这最后一步，阻碍了很多销售人员成为精英。

有个学员问过我一个问题，他说每次和客户达成合作意向之后，他都不敢过于频繁地催促客户签单，害怕在穷追不舍之下造成客户的流失。我想，这种情况应该不是个例。当客户与销售人员口头达成签单意向之后，很多销售人员不会直接要求签单，而是按照客户的要求选择合适的日期再见面约谈签单事项。实际上，**首次签单成功的概率比第二次或第三次签单的概率要高将近50%。**

所以，对于签单能力的指导，管理者只需要告诉销售人员一句话：要有必胜的决心。只要客户认可了公司的产品和服务，销售人员就一定要快速推进签单结果的达成，要趁热打铁。当客户在面对面交流中产生的激情消耗殆尽之后，理性的思考会让签单变得遥遥无期。所以，你必须告诫你的团队成员，要坚信公司的产品和服务能够为客户带来好处，一切以签单为目标，不要给自己留余地。

我在阿里巴巴东莞分区的时候，有一个深圳地区的资深销售曾经向我询问如何成为顶尖销售的问题。他当时其实已经是一个成熟稳定、业绩相对突出的销售人员，但他的目标是全国销售冠军，所以他想向我咨询一些技巧。

通过对他的持续观察我发现，他的能力的确非常突出，但欠缺最后签单时的一股冲劲儿和狠劲儿。于是我教他做了两件事：第一，把所有能续签的客户统统提前续签；第二，对所有A类客户进行催单。他当时很担心，催急了客户可能会被催跑，但我始终坚持，优质的客户是催不跑的，一催就跑的根本算不上优质客户，即使跑了也不可惜。最后，按照我的方法，他在那个月完成了86万元的业绩，成为全国排名前列的销售人员。

签单虽然只是临门一脚，但等待的时间长了，难保不会出现意外，比如，竞争对手的切入、客户观望心态的兴起等。所以，打铁要趁热，签单要趁早。

电话开发、上门拜访、签单，大多数的销售流程基本上都是以此形式进行的。管理者对这三个环节进行细致指导，基本囊括了销售人员的整个工作过程，可以有效地提升他们的销售能力。

提高 B 类、C 类客户资源的利用率

无论在阿里巴巴时期还是在自主创业时期，我在管理过程中总会遇到销售人员抱怨找不到客户。但如果你去查看他的客户信息系统，会发现里面的客户数量已经具备一定规模。既然客户资源不少，为什么他们还会抱怨没有客户呢？因为在他们的概念里，只有优质的 A 类客户可以称得上是客户。

他们在整理客户资源的时候，会首先把 A 类客户找出来，把其他资源都归入 B 类或 C 类客户。然后他们会全力以赴攻克 A 类客户，当 A 类客户成为签单客户之后，他们就会重新寻找客户资源，再从中筛选 A 类客户，而之前的 B 类和 C 类客户却被他们束之高阁，很少问津。

把主要精力放在 A 类客户的筛选和攻克上，本身没有错，但并不意味着就要直接放弃 B 类和 C 类客户。在我看来，有相当一部分 B 类和 C 类客户同样有着很大的签单潜力，只是表现得不如 A 类客户那样明显罢了。不过，根据一般销售人员的能力，他们很可能看不出这种签单潜力，但如果把这些客户资料放在精英或顶尖销售人员的系统里，就是另外一番景象了。当然，这都是因销售能力和销售经验所限，所以，这时候就需要管理者利用自身的经验和能力去帮助团队成员，把隐藏在 B 类和 C 类客户中的 A 类客户找出来，达成签单。

提高 B 类和 C 类客户资源利用率的方法

很多学员都曾对这一点表现出学习的渴望，所在在这方面我也做过深入的研究，总结起来应包括以下 4 种方法（如图 5-2 所示）。

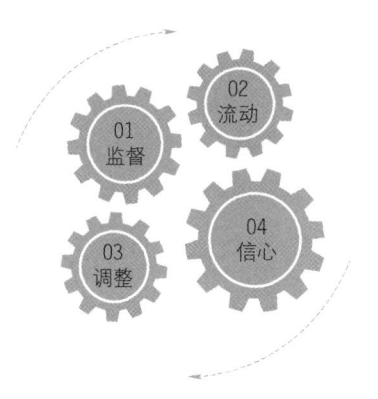

01 监督：加强客户资源监管
02 流动：让B类和C类客户资源流动起来
03 调整：适时更换销售人员
04 信心：增强销售人员的信心

图 5-2　提高 B 类和 C 类客户资源利用率的方法

1. 加强客户资源监管

销售人员之所以总是习惯性忽略 B 类和 C 类客户，除了与他们自己没有认识到这些资源的重要性有关，管理者也难辞其咎。如果管理者能够加强他们对 B 类和 C 类客户的开发与监管，那么就会在很大程度上避免这种客户资源被浪费的情况。具体的监管方法有很多，比如在每天的晚分享中，管理者就可以让他们把当天与 B 类和 C 类客户沟通的情况进行详细的汇报，如沟通数量、沟通效果、转化情况等，把这些作为工作内容让他们进行分享。如果管理者能够始终绷紧监管到位的弦，那么在 B 类和 C 类客户的转化上一定可以收获不错的成果。

2. 让 B 类和 C 类客户资源流动起来

B 类和 C 类客户资源不仅归销售人员个人所有，同时也是团队乃至整个公司资产的一部分。销售人员由于没有转化他们的能力，搁置他们情有可原，但是管理者如果还是让这些客户资源躺在系统里"睡大觉"，那就是严重的失职行为了。所以，管理者在发现这个问题之后，一定要想办法让这些客户资源流动起来。只有流动起来，这些客户资源才有可能从潜在的资产向现金流资产转化，从而大大提高团队成员的有效客户保有量，提高签单的概率。

3. 适时更换销售人员

B 类和 C 类客户在一个销售人员手里没有发挥应有的作用，并不代表流动出去之后在别人手上也没用。事实上，很多时候客户不愿意签单，并不是不看好公司的产品或服务，而是销售人员在跟他们的沟通中出现了问题。对于这样的客户，适时更换销售人员可以有效促进签单。而且，这种情况的发生也会提高其他销售人员对 B 类和 C 类客户开发的积极性。

4. 增强销售人员的信心

还有一些销售人员之所以不去碰触 B 类和 C 类客户，主要是因为信心不足，觉得自己的能力有限，如果贸然与这些客户沟通，很可能会导致这些客户向 D 类（不可能签单的客户）转变。如果发现这个问题，管理者就必须帮助他们稳定心态，告诉他们，B 类和 C 类客户的开发无非两个结果，要么向 A 类客户转化，要么归为 D 类。如果联系了，就有一半的概率转化成 A 类客户；如果一直不联系、不沟通，那就百分之百会变成 D 类。既然有一半的机会在，还有什么可担心的呢？

提高 B 类和 C 类客户的签单转化率

如果能做到上面几点，相信销售人员在你的引导和帮助下，一定会提高对 B 类和 C 类客户的转化率。转化率提升了只是一个开始，如何将这些转化成功的客户变成签单客户才是重点。所以，管理者下一步就是帮助和指导销售人员把这些转化来的客户变成签单客户。

1. 直截了当地沟通，快速深入地探知

B 类和 C 类客户之所以处在这个客户级别，大多是因为他们的需求是以隐性的方式存在的，甚至客户自己都没有发现。所以用温水煮青蛙的方式，一步一步探询他们的需求通常是没有效果的，甚至可能得到"不需要"的回复。

在我看来，面对这些客户，销售人员可以开门见山，通过电话或拜访的形式，直接点出客户的潜在需求，以此来保证沟通能够继续。接下来，销售人员再介绍自己的产品或服务，条陈利弊，供客户自己考量和选择。

至于如何探知客户的一些潜在需求，就要凭借管理者或销售人员的经验以及公司的销售数据来综合分析了。如果在已经完成的客户订单中有同类型的客户，销售人员就可以去询问当时签单的同事或领导，向他们了解之前促成签单的关键点是什么，这样就可以对客户进行初步的判断，也能在沟通的时候更有底气、更有把握。

2. 找准关键决策人，进行有效沟通

无论是与哪种类型的客户沟通，想要尽快促成交易，找到关键决策人都是不二法门。因为B类和C类客户有一些是潜在的、隐性的需求，所以对于这些需求是否真实存在，最有发言权和话语权的就是关键决策人。只有在精准沟通的前提下，销售人员对客户隐性需求的直接刺激才能有效发挥作用。

在实际的操作中，由于缺乏渠道和经验，寻找关键决策人的联系方式是很多销售人员的短板。作为管理者，这时候你不仅要告诉他们探询的方法，必要时也可以直接帮助他们获取这些信息。

不可否认，A类客户是签单的主要来源，但A类客户毕竟是稀有资源，B类和C类客户才是客户资源中的主要组成部分。与在陌生的客户中挖掘A类客户相比，从现有的B类和C类客户中寻求突破，才是值得销售人员关注的，也更应该成为销售人员的工作常态。

提高自驱力，创造好业绩

作为一名销售领域的培训人员，和各行各业的销售管理者交流，了解市场现状是我的必修课。在近几年的交流中，我发现在企业的销售团队中普遍存在三个比较严重的问题。

知足常乐成为常态

随着销售团队年龄越来越年轻化，很多年轻人身上的弱点都反映在了工作中，比如知足常乐的心态。这就导致很多销售人员在业绩达标之后就不想再努力，从而失去了冲击更高业绩的原动力。

任务完成不彻底

很多销售人员都知道制定目标的重要性，也会很认真地去完成。但是，目标制定完之后，他们却对目标的完成情况不再关注，比如，原本今天要拜访 4 家客户，可是拜访了 2 家之后他们就觉得可以下班了。

存在留单现象

在业绩达标的前提下，很多销售人员会把能签单的客户留到下个月再签。在他们看来，反正这个月业绩已经完成了，客户在这个月签和下个月签都一样，而且有所保留地签单还能保证自己每个月的业绩比较稳定，不至于吃了上顿没下顿。

这三个现象都反映了一个共同的问题，那就是现在的销售人员越来越懒。为了解决这个隐患，很多管理者都会做团队激励，比如开设公用奖金池，每个月拿出部分奖金奖励给最先完成 KPI（关键绩效指标）的员工。可是最后却发现，积极努力工作的还是那些有自驱力的员工，没有自驱力的员工还是觉得激励和自己没关系，业绩依旧没有明显的提升。

我们过去总认为团队不能持续拿下高业绩，是员工能力的问题，但实际上，**团队不能更上一层楼的关键不是能力受限，而是销售人员不愿意拼尽全力，也就是他们的心态和认知出现了问题。**用我的话说就是，没有把心中的那团火燃烧起来。那么，管理者如何才能燃烧团队的斗志，打造一支高战斗力、业绩持续增长的铁军团队呢？

团队的自驱力不足，说白了就是销售人员心态犯懒。为什么会犯懒呢？是因为知道自己实力有限，所以知足常乐吗？当然不是，只有有能力不愿意发挥的，我们才称之为懒。一个销售人员，每个月能做到10万元左右的业绩，足以证明他有一定的实力，而这样的员工如果再拼一下，就有可能创造更多的业绩。他们之所以不愿意全力以赴，多半是因为没有尝到过全力以赴的甜头，没有体验过站在顶峰的"快感"。

作为管理者，你的任务就是找到他们的积极因子，激发他们的积极性。在一个团队中，每个人的需求都不同，有些人为了钱，有些人为了荣誉，有些人为了义气。管理者要帮助他们达成内心的渴望，实现他们的目标，同时也要帮助他们解决问题，消除顾虑，并教会他们不具备的知识和能力，给他们补充能量。

我在阿里巴巴杭州地区做主管的时候就遇到过这种自驱力不足的销售人员。通过一段时间的观察，我发现他手上其实有很多的资源，而且他的开发能力绝对属于比较优秀的那种，但就是做不出拔尖的业绩。通过了解我发现，他的问题出在自驱力不足上。他总是担心这个月如果把资源全部消耗，下个月就有可能没有业绩，所以每个月都有所保留。

熟悉阿里巴巴的人都知道，阿里巴巴的销售提成分为三个阶梯，我们称之为金、银、铜牌制度。当月销售额达到10万元的销售人员，下个月的业绩就能够按照金牌15%的比例计算提成工资。可是由于他每个月都有所保留，所以虽然业绩稳定，但从来没有拿过这样高比例的提成。

在我的严厉督促和帮助下,他终于不再有所保留,在接下来的两个月中都达到了金牌标准。在品尝到工资猛涨的喜悦之后,即使没有我的督促和指导,他也依然能够全力以赴地冲刺业绩。

有时候,销售人员的自驱力是隐藏起来的,需要管理者用必要的方法把它们激发出来。和鸡群生活在一起久了,老鹰也会习惯像鸡一样的生活,一旦老鹰重新尝试翱翔天空,体会被众人仰视的感受之后,就不会再甘于回到鸡舍去生活了。当然,这种体验式教学的前提是,你选择的人真的是一只"鹰",而不是长得像一只鹰的"鸡"。

一个销售人员的能力不仅包括知识、技能等可见的部分,还包括潜在的个性、自驱力等情感智力。所以,管理者不但要培养销售人员外在的工作能力,还要深挖他们潜藏于内心的强大的自驱力。这才是挖掘之本,同时也是个人发展、团队发展乃至企业发展的强大驱动力。

好销售需要好心态

古人常说,相由心生,境随心转。一个人心中的信念会直接影响他的相貌和心情,自然也会影响到他的行为。这一点在销售工作中表现得尤为明显。做销售,因为常常被拒绝,所以需要具备强大的抗压能力;因为常常被质疑,所以需要强大的自信;因为常常在竞争,所以需要不畏强敌、一往无前的坚定信念。如果想成功地站在顶尖位置,足够坚定的内心是强大的基础。所以,管理者想要打造顶尖的团队销售人员,首先要提升他们内心的力量。

树立自信

顶尖销售人员的厉害之处就在于,同样的话术,同样的交流,他能把销售谈判流程把控在自己手里，由自己设计谈判进程和节奏，而不是由客户占据主动，机械地回答客户需要了解的信息。能做到这一点离不开自信，可见，自信与否是决定谈判结果必不可少的因素之一。

普通销售人员大多对自己的谈吐不自信，对公司的产品不自信，对公司的产品能给客户带来的价值也没有那么自信，对自己能否拿下客户更不自信，所以在谈判时，他们通常是抱着尝试的心态，小心谨慎地应对客户的提问，结果往往以失败告终。

顶尖销售人员的自信最终体现在结果上。对自己的谈吐、对公司的产品、对拜访之前所做的充分准备、对每个环节的把控，以及最后的签单都非常自信，都能应对从容、进退自如，结果自然会很理想（见图5-3）。

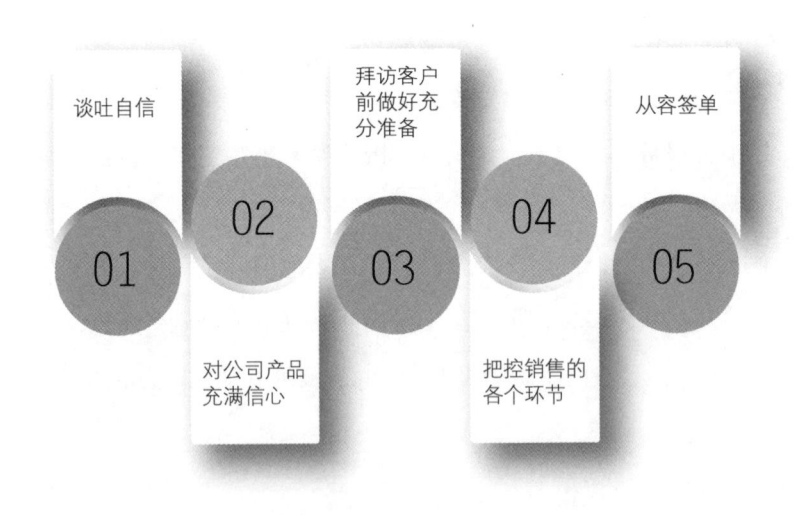

图5-3 顶尖销售人员的自信

所以，从销售人员进入团队的那一天起，管理者就要不断地向他们灌输"公司的产品和服务足够优质，完全可以满足客户的各种需求"的思想。这样，不仅可以让客户对公司和产品增强信心，更重要的是，可以培训销售人员在与客户沟通时的自信，改掉谨小慎微、没有底气的沟通方式和习惯。

保持乐观

销售业内有一套约定俗成的评判销售人员水平的标准：一流的销售卖自己，二流的销售卖服务，三流的销售卖产品，四流的销售卖价格。真正顶尖的销售人员，不是靠优惠的价格、优质的产品和周到的服务去影响客户，而是通过自身对客户施加持续的影响，建立和客户的共鸣，从而引导签单结果的呈现。

在这个过程中，如果他乐观，客户会感受到他的乐观；同样，如果他心有忧愁顾虑，他也会把这份悲观传递给客户。乐观也好，悲观也罢，都会影响谈判的氛围和想要传达给对方的信息，进而影响最终的结果（见图5-4）。

普通销售人员大多会被悲观情绪感染和左右，遇到竞争对手的产品比自己公司的产品效果好的时候，他们经常会自我怀疑，觉得自己的产品真的不如别人的好。而这种悲观的气场也会感染到客户，让客户对公司和产品产生怀疑，这对签单来说自然有害无益。

相反，顶尖销售人员会认为公司的产品就是最好的，这次签单非我莫属。这种乐观的情绪也一定会影响和感染到客户，签单

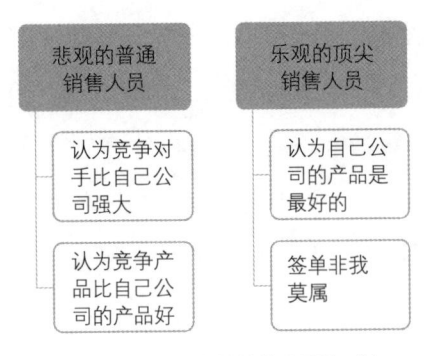

```
悲观的普通        乐观的顶尖
销售人员          销售人员
   │                │
   ├─ 认为竞争对    ├─ 认为自己公
   │  手比自己公    │  司的产品是
   │  司强大        │  最好的
   │                │
   └─ 认为竞争产    └─ 签单非我
      品比自己公       莫属
      司的产品好
```

图 5-4　不同心态的销售人员的对比

的成功率就会高很多。即使不能马上签，但只要再努力一下，很可能就会成功。

那么，管理者应该如何帮助销售人员保持乐观的心态呢？首先，你需要为团队成员建立一个乐观的工作环境。即使是一个天性乐观的人，在高压、烦闷的工作状态中待久了，也会不自觉地被注入大量的负能量。身为管理者，你应该时常与员工交流，尤其是长时间未达成签单任务的员工，几句中肯的评价、几句有效的鼓励，就可以把他们从低气压中解放出来。当然，你也可以周期性地组织团队建设活动，带领销售人员释放工作压力，冲淡烦闷的情绪。

其次，管理者要经常给销售人员未来可期的希望。悲观心态往往伴随着对现状和未来的失望，如果一家公司长期处于不赢利、不签单的状态，又怎能奢求每一位销售人员都保持乐观呢？所以，管理者应该经常向团队中的销售人员展示现阶段公司的成绩以及未来的发展蓝图，比如，建立微信工作群，以群消息的形式发送每日订单成交情况。这样做不但能够展现公司经营的良好态势，也能刺激团队成员，提升他们的竞争积极性。

提高积极性

积极的心态会影响工作中每一个细节和过程。结果是过程的日积月累，积极的心态带来好过程，而好过程会带来好结果（见图 5-5）。

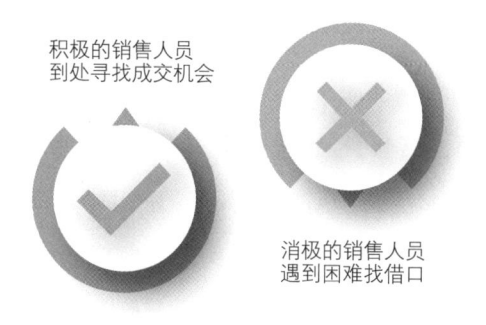

图 5-5　积极性不同，销售人员的工作表现也不同

普通的销售人员在遇到困难时，总是会找各种借口和理由，让自己心安理得地不去努力。比如，刮风、下雨、积水、结冰都有可能成为他们放弃每日拜访任务的理由。在真正优秀的销售人员看来，这些恶劣天气条件反而是加倍努力的好机会，因为偷懒的人多了，竞争自然就少了，而且更能展现拜访的诚意，成功率自然也就高了。

但积极性毕竟是销售人员个人的性格特点，想要通过言语改变并非易事。管理者可以尝试使用物质激励来提升销售人员的积极性。比如，设置阶梯式的提成工资计算方法，多劳多得，或者设置业绩奖金，达到某个业绩标准的销售人员可以额外获得一笔奖励，等等。

强化"要性"

所谓"要性"，是阿里巴巴销售文化中特有的一个名词，意思是在销售过程中表现出的一种舍我其谁的对业绩的渴望程度。

大家都知道，在商场中，竞争是再平常不过的事情。客户在选择合作企业的时候，通常会选择多个产品或服务供应商，然后通过和销售人员的接触，最终确定选择哪一个（见图5-6）。在这个过程中，销售人员的作用非同小可。面对客户的异议和挑战，普通销售人员通常会自乱阵脚，虽然也能据理力争，但无法把自家产品和竞争对手产品做出清晰的区分，反而给客户一种"买谁都可以"的感受，从而减少签单机会。

而一个优秀的销售人员，在面对质疑和对比时，总是能够保持冷静的头脑和充满激情的分析，让客户感觉到自己现在和潜在的所有需求都能得到满足，从而提高签单的概率。

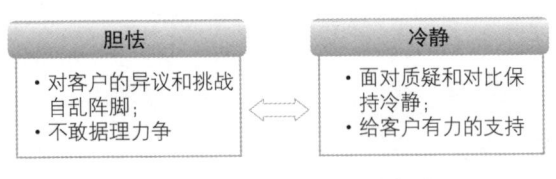

胆怯	冷静
·对客户的异议和挑战自乱阵脚； ·不敢据理力争	·面对质疑和对比保持冷静； ·给客户有力的支持

图5-6 不同销售人员的"要性"表现

积极向上的激情状态会感染客户。有时候，很小的差别会在客户的决策过程中起到很大的作用。所以，管理者在平时一定要强化销售人员对市场上同类型产品的研究和学习，加深他们对自家产品的优势认知，增强他们的"要性"；同时，加强对销售人员举一反三、换位思考、对比论证能力的培养，这样他们在面对直接竞争时，能够更加从容地应对。

[**本章小结**]

顶尖销售的标配

- 状态建设：努力到感动自己 + 为未来拼搏投资。
- 效率建设：一套完备的时间管理体系。

阿里巴巴式销售管理体系

- 电话开发能力：明确电话目标 + 设定沟通方向 + 亲自示范传授。
- 有效拜访能力：了解客户资料 + 辅导沟通技巧 + 制订拜访计划。
- 签单能力：提高首次签单成功概率 + 树立签单必胜的决心。

第六章

打造你的阿里式销售铁军

阿里铁军的成功之道，在于搭建了一套体系化的管理制度，在组织架构、人才培养、激励奖惩、企业文化和价值观上不断迭代做到极致，从而培养出了一批顶尖的销售人员和管理者。这是一套可以复制的成功路径。

找到能做非凡事的平凡人

葛优饰演的人物曾在电影《天下无贼》中说过这样一句话："21世纪，什么最贵？人才！"十几年后的今天，这句话仍然被奉为经典。企业如果想发展，人才是不可或缺的一部分，但在人才选用问题上，很多管理者却常常感到力不从心。

在培训的时候，经常有学员跟我反映，说他们高薪从外面挖来了人才，可是几个月后，这些人才大多会有些"水土不服"，最后不是主动辞职，就是被动辞职。反复几次下来，经济损失只是一方面，严重的还会影响公司整体的规划和日后的发展，弄得他们已经不知道该怎么办了。有的人甚至断了再招人才的念头，这种想法自然是不可取的。

其实，这些管理者走进了一个招聘人才的误区，那就是只考虑能力，而从不考虑其他方面。我想告诉大家的是，从外面招聘来的人才，尤其是高薪挖过来的人才，除了要考核专业能力，更重要的是考核他们的价值观与企业的价值观是否匹配。如果价值观不匹配，这些人才能力再强，也会随时走掉，怎样都留不住。请记住，**只有找对人，才能做对事**。

马云曾在参观谷歌公司时问谷歌的创始人拉里·佩奇："谁是谷歌的竞争对手？"在大众的认知中，谷歌公司的竞争对手应该是脸书和苹果这些公司，可拉里·佩奇的答案特别出人意料。

拉里·佩奇说："我们的竞争对手是NASA（美国国家航空航天局）和奥巴马政府。"

在被问及原因时，拉里·佩奇解释道："谁跟谷歌抢人，谁就是我们的竞争对手。如果脸书和苹果来抢谷歌的工程师，我们并不害怕。我们只需要开出更高的工资，给出更多的期权或股权就行。可是我们的工程师去NASA，年薪只有7万美元，是我们给他的1/5，但谷歌还抢不过。谷歌描绘了一个很大的梦想，但NASA的梦想是整个宇宙，比谷歌的梦想大多了，做的事情也更好玩。因此，NASA把我们最优秀的工程师都给吸引走了。

"奥巴马政府也是如此。2009年，奥巴马上台之后，美国政府意气风发，很多美国人居然愿意从政了，包括谷歌的很多优秀经理。他们宁可放弃我们给的几十万美元年薪，去拿5万美元的年薪，为政府工作。

"这两个竞争对手，才是我最难对付的竞争对手。"

这就是价值观的无形引力。不要以为高薪就能留住人才，契合的价值观才是最大的吸引力。

要论销售梦想，马云称得上是这个世界上最伟大的销售员之一，他把自己的梦想卖到了全世界。在阿里巴巴成立之初，马云用自己的梦想吸引了一大批来自世界500强的管理精英，他们中有蔡崇信、关明生、邓康明和吴炯等。这批最早的管理人才构成了阿里巴巴管理的灵魂。

在第一代阿里人的努力下，阿里铁军创造了无数销售奇迹。当年的中小型外贸公司，几乎都是在阿里巴巴手把手的指导下登上了互联网的舞台。这直接影响了中国互联网行业的发展进程，也培养了一大批优秀的创业人才。

每一代阿里人都有自己的荣耀、使命和任务，而传承"让天下没有难做的生意"的伟大使命，就是阿里人始终为之奋斗的目标。

这就是梦想的力量，也是价值观趋同的结果。因此，**管理者在为企业选用人才的同时，还要成为企业文化的传承者。**你的团队可能现在只有不到10个人，也可能有100个人或者1000个人，但无论你的团队有多大，都需要通过上传下达让企业文化落地。如果你在传承企业文化这件事上做得不成功,你的团队就有可能很快解体。你的价值观扭曲了,团队的价值观很快也会出现问题。

阿里巴巴选择的都是"又红又专"的管理者,这才打造出了一支战无不胜的阿里铁军。我说的"红"指的是价值观,而"专"是指能力。换句话说,一支销售队伍的带头人,首先必须认同公司的价值观,这样才能全心全意为公司服务,才能以身作则、言传身教,为员工做出榜样,也只有这样,才能让公司放心、让领导省心、让下属安心。

除了要在价值观和能力上有所考量,阿里巴巴还有一套很实用的人才招聘策略,阿里铁军就是在这样一套招聘策略下一点点发展壮大的。

说句实在话,阿里铁军在建立之初也曾经历很多挫折。刚开始时,员工的年流失率高达120%。后来,我们把员工流失率作为对领导考核的标准之一,可效果依然不尽如人意。从那时起,阿里铁军又做了一些非常重要的变革,而这一系列变革的源头就是两个字——招聘(如图6-1所示)。

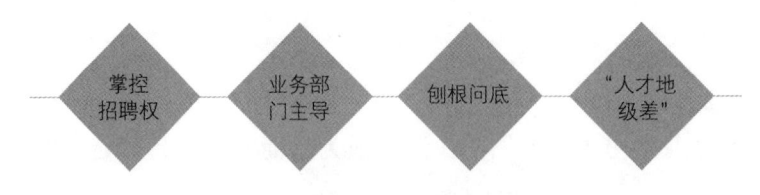

图6-1 阿里铁军招聘的四大原则

不轻易下放招聘权

我的学员里有很多中小企业的一把手,当我问他们一年会花多少时间招人时,他们多半会说:"我有人事经理,招聘是他们的事情,我最多负责招几个高管。"我想说的是,**下放招聘权,是很多公司在招聘上犯的第一个错误,也很有可能成为公司人力资源灾难的开始。**

阿里巴巴当时采取的是四级招聘模式。比如,一名销售上面有主管,主管上面有城市经理,再上面有大区经理,这就意味着,任何一名销售、客服人员的进出,都必须经过大区经理的面试,而当时阿里巴巴的一个大区通常有上千人。

再让我们将时间表往回拨,回到阿里巴巴规模还小、整个公司只有几百人的时候。那时,马云和关明生都会亲自招聘入职员工。

我始终认为,招聘的第一个关键点在于不能轻易下放招聘权。

招聘决策权在业务部,而非人力资源部

一提到企业招聘,大家可能首先想到的就是公司的人力资源部。然而在阿里巴巴,人力资源部最多起到的是辅助作用,真正负责招聘的是领导者和每个业务部门主管。换句话说,招聘的决策权必须在业务部门。只有位于一线的"指挥部",才知道他们需要怎样的"士兵"。

招聘时要刨根问底

所谓刨根问底,其实是指除了专业能力和背景,企业在招聘时还要关注人才的其他方面，比如，人才的性格、价值理念，以及应聘岗位需要的某些非专业能力。

阿里铁军有一个很重要的员工入职要素——能吃苦。当然，如果你直接问应聘者能否吃苦，绝大多数人都会给出肯定的答案。为此，我们设计了一个问题："**请你讲讲，到现在为止，你吃过的最大的苦是什么？**"

每个人对吃苦的定义和标准并不一样，我们得到的答案自然五花八门、无所不包。我记得其中有位应聘者的答案是："有一次我从上海坐火车去无锡，没有买到坐票，一路站到无锡。"从上海到无锡，动车大约需要一个小时，即便是慢车，两个小时肯定也到了。换句话说，这位应聘者吃过的最大的苦，就是在火车上站了两个小时。你认为这样的人会为公司去攻城拔寨，打赢硬仗、苦仗吗？

看似只是微不足道的一个小问题，却值得每一个销售团队的管理者关注，这关系到应聘者与我们需要的人力资源模型是否匹配。如果你只关注能力，却忽略了这些方面，那么就有可能在将人招进来之后，还得花大力气去改造他的价值体系。因此，请你在确定用人之前，先想方设法多了解他一点，考量一下这个人能否融入你的团队。

找到能做非凡事的平凡人

现在有很多中小企业，总想在招聘时招来一些业内专家和精英。且不说这样的人才相对稀缺，单凭你的企业规模，那些专家和精英有什么理由为你战斗呢？

阿里巴巴一直提倡"平凡的人做非凡的事"，要形成"人才地级差"。举个例子，如果一个岗位的月度预算是 1 万元，那么阿里巴巴不会从月薪 8000 元的人里去寻找，我们会将目光投向那些月薪四五千元的人。

原因何在？你如果给月薪 8000 元的人开出 1 万元，他很可能并不会因此感谢你，也未必会认为自己遇到了明主，他很可能会认为这是自身价值应得的回报。反观那些月薪四五千元的人，你给他 1 万元，就有可能改变他的一生，可以无限激发他的工作积极性。

或许有人会说，"月薪四五千元的人，在综合素质方面肯定有所欠缺"，这话确实不假，我也十分认同。但不可否认的是，英雄始于毫末，一定会有人才被埋没其中，我们需要做的就是将有潜质的人挑出来，放到合适的位置上。

阿里人才梯队管理体系

招聘对任何一家企业而言都是至关重要的事情。但这是否意味着人招进来之后就万事大吉了呢？当然不是，招聘只是万里长征的第一步，人才培养才是你需要迈出的第二步。马云曾说："一个公司要成长主要取决于两样东西，一个是员工的成长，一个是客户的成长。我们自己成立了阿里学院，主要目的也是培训员工、培训客户。"

我经常问学员两个问题："你愿不愿意培养你的员工？""你的人才梯队培养计划如何？"面对这两个问题，很多学员面露难色。其实，他们也知道人才培养的重要性，如果能够培养出一些销售标杆，对公司的其他销售人员绝对是种莫大的激励。同时，销售标杆也是公司人才梯队的重要组成部分，是销售主管、销售经理甚至销售总监的后备人选。虽然这个道理他们都懂，但困惑和担忧也随之而来。

我清楚地记得，在一次课程中的互动环节，一位来自武汉的首席执行官提出了这样一个问题："公司花了大量的时间和成本，培养出了足以成为标杆的销售人才，并委以重任，万一他离职了怎么办？那不是白培养了吗？不管他是自主创业还是被竞争对手挖走，都会让我的企业造成很大的损失。"他的这个担忧道出了很多管理者的心声。

对于他的这个问题，我并没有正面回答，而是告诉了他一个事实。

在某段时间里，阿里巴巴的员工是2000多人，一年下来能淘汰1500人。换句话说，当时阿里巴巴的员工留存率只有1/4左右。如果按照这位学员的观点，阿里巴巴绝不应该重视员工培训，因为这是在为自己培养"敌人"。实际上，阿里巴巴不仅做了员工培训，而且做得非常到位：带薪培训1~3个月。

这个现象的背后，其实是阿里巴巴对企业文化和价值观的重视。**一家公司愿意培养人才，注定了它不会长期平庸。**在我的训练营中，很多企业都是公司首席执行官、高管和销售人员一起报名学习，上下同频保持共振，这也给员工带来了较大的归属感和安全感。当然，我们不能要求每一家公司都达到阿里巴巴的高度，但至少可以向阿里巴巴看齐。

同时，我觉得大家不应该总是将焦点集中在"人才离职了怎么办"这个问题上，为什么不转换一下思路，在控制人才流失上想想办法呢？

言及于此，我教给大家一个十分可行的方法——签对赌协议，这是一个让企业和员工实现双赢的解决思路。当然，这里说的并不是投融资双方签的那种对赌协议，而是为了防止销售人才流失采取的一种激励方式，即将销售人员多赚的钱用作培训激励。

打个比方，销售人员上个月完成了10万元的业绩，这个月的业绩提升了50%，达到了15万元。以40%的毛利润计算，多出来的5万元相当于为企业增加了2万元的利润。那么，管理者就可以将这2万元用作销售员的培训激励。

提醒各位，千万不能让销售人员理所当然地认为，这种培训是公司提供的福利。你要让他们树立这样一种观念：销售人员通过自己的拼搏和努力，为公司赚取了更多的利润，公司才将这部分利润用于销售人员的培训激励。这样一来，他们自然会更珍惜培训的机会，培训也会实现更好的效果，让他们的能力得到更大的提升。与此同时，销售人员对公司的认同感和归属感也会水涨船高，在未来为公司创造出更大的价值。

对员工和公司来说，这无疑是个双赢的结果。公司并没有额外花费更多的培养成本，这笔培训费用是销售人员自己赚来的。需要注意的是，公司在培养销售标杆时，不可将期望放在同一个人身上，而应根据具体情况同时培养几个人。这样一来，就会在业绩上形成你追我赶的局面，让公司的整体效益得到大幅提升。

人才是企业永恒的主题，该下功夫培养就得下功夫。我从事销售培训多年，在我看来，培训绝对是最划算、回报率最高的投资。**没经过训练的士兵上不了战场，更成不了特种兵；没经过培训的销售员成不了销售精英，更无法担当重任。**

清楚了上面这个观点之后，公司管理者在销售人才梯队的组建过程中又该做些什么呢？很简单，那就是要为公司制订人才的梯队培养计划，并且落地实施。

阿里巴巴有两套人才梯队管理体系，一套是"P序列"（技术岗位），另一套则是"M序列"（管理岗位）。这里的技术是指泛技术、专业能力，不特指计算机技术。P序列适用于一般的销售人员，而管理者则隶属于M序列。为了让大家能对阿里巴巴的人才管理体系有更加深入的了解，我将其总结为表6-1。

其中，M序列主要负责团队管理，本身不一定拥有专业的业务能力。通常情况下，阿里巴巴会为M序列的管理者配置一些P序列的技术人才。比如，M1销售主管会管理一些P6以下的销售人员。P序列主要看重的是个人的工作能力，通常不用带人，属于阿里巴巴的重点人才，有时可能被要求带项目组。

表6-1 阿里巴巴人才梯队管理体系

P序列级别 （对应M序列级别）	P序列基本定义	对应M序列基本定义
P1	一般空缺，为较低端岗位预留	不对应M序列
P2		

续表

P 序列级别 （对应 M 序列级别）	P 序列基本定义	对应 M 序列基本定义
P3	助理	不对应 M 序列
P4	初级专员	
P5	高级专员	
P6 = M1	资深专员	主管
P7 = M2	技术专家	经理
P8 = M3	高级专家	高级经理
P9 = M4	资深专家	总监
P10 = M5	研究员	高级总监
P11 = M6	高级研究员	副总裁
P12 = M7	科学家	资深副总裁
P13 = M8	高级科学家	子公司首席执行官或集团其他首席管理者
P14 = M9	首席科学家	集团首席执行官
M10	不对应 P 序列	董事局主席，董事长

因为本书的主题是销售铁军的打造，因此，我主要为大家介绍阿里巴巴对基础管理干部的培养体系，层级局限在 M2 之下。这里涉及两个培养要点，分别是 M0 和 M1.5，这是两个没有明确岗位层级但又十分重要的职业节点。

"M0"人才培养

M0 低于 M1，指那些未正式晋升的潜在的销售主管。什么样的人才能成为 M0 呢？有以下三个衡量标准。

第一，价值观与企业的价值观相一致。这一点在前文中已经详细阐述过，此处不再赘述。

第二，拥有较好的业绩。业绩好证明他勤奋努力，对销售过程的管理也比较到位。

第三，拥有做管理层的意愿。这一点也很重要，并不是所有业绩好的销售人员都愿意去做管理者。

如果某位销售人员具备了以上三点，我们就会提前跟他所在的区域人力资源部门进行沟通，将他正式划归到 M0 的人才培养梯队中。接下来，我们会让这些 M0 参与区域公司的管理会议，让他们有机会参与决策讨论，互帮互助。这样做的目的是让他们知道公司正在做什么，对决策的过程有所了解。

一般来说，我们会提前 3~6 个月让 M0 进入这种管理预演模式，对他们进行全面的熏陶。在这个过程中，我们会观察这些 M0 是否具有成为管理者的潜力，是否真的如他们说的那样，有意愿也有能力去帮助团队成长。

举个例子，有个销售人员要去拜访一位重要的客户，我们就会让 M0 参与陪访，借机观察他的陪访能力和辅导能力。回来之后，我们会让这位 M0 进行分享，说一说他在陪访过程中观察到了什么，他陪同的那个销售人员表现如何。这么做的目的就是提前让他进入销售主管的角色。

除了分享陪访的感受，我们还会让 M0 分享一些日常工作的经验和感受。分享得越多，我们就越容易从中发现他身上的亮点和优点。

以上就是阿里巴巴 M0 人才培养的整个过程。如果在此期间，公司出现了销售主管的职位需求，我们就会在最优秀的那一批 M0 中进行选拔，让他晋升为销售主管，即 M1。

M1.5 人才培养

说完 M0，我们再来看看 M1.5。M1 是销售主管，M2 是销售经理，M1.5 介于二者之间，指的是潜在的能够成为销售经理的人。

在确定 M1.5 之前，公司会考核备选对象的团队业绩，还会考察他们在管理过程中做得是否到位。在一系列考察和考核之后，有晋升想法的合格的销售主管，才有可能被选拔进 M1.5 人才培养梯队。

M1.5 与 M0 不同，他们本身已是小团队的管理者，自然不用再进行角色演练，这时应重点考察他们 4 个方面的能力和表现：价值传承、团队管理能力、团队辅导能力以及拿结果的能力，以此决定是否有晋升为 M2 的可能。

以上就是阿里巴巴针对基层管理者施行的 M0 和 M1.5 人才培养体系。依靠这套体系，阿里巴巴培养了一批又一批基层管理者，这些基层管理者通过自身的努力和拼搏逐渐晋升，最终促成了阿里巴巴的 M 序列人才管理体系。

留人需留"心"

2005年,阿里巴巴收购雅虎中国全部资产,同时得到雅虎10亿美元投资,雅虎置换阿里巴巴集团40%的股份。这场收购案的初衷,是阿里巴巴希望通过雅虎的搜索技术,一方面完善淘宝的搜索功能,另一方面企图进入搜索引擎市场。

当时,业界普遍较为关注雅虎中国的员工去留问题。最终,阿里巴巴采用了一系列的留人政策,合理安置了雅虎中国的一大批优秀人才。这套留人政策在后来被称为阿里巴巴的"留人四宝",即"远景吸引高管""事业和待遇留住中层""不变薪酬福利安定员工""注资员工感情银行"。

在当时看来,这似乎是一笔非常划算的买卖,阿里巴巴获得了大笔发展资金、大批优秀的技术人才以及雅虎中国的品牌，给淘宝、支付宝的高速发展提供了现金支撑和技术力量保障。我之所以提起这件事，是想跟大家探讨一下销售人才的去留问题。

试想一下，当你费尽心思找到了价值观相同、适合企业发展、适应团队环境的销售新人，又消耗大量的人力、财力和物力，对他们进行了系统的培养，还没等到他们为公司创造出多少价值，却突然接到他们的离职申请，对你来说一定是个不小的打击。

事实上，这对任何一家企业来说都是一个急需解决的大问题。造成企业销售人才不断流失的原因有很多，其中很关键的一点就是不注重销售人员的离职管理。

阿里巴巴的"留人四宝"被业界津津乐道了十几年，至今仍是许多企业留住优秀人才的必备手段。十多年来，阿里巴巴的人才流失率已从初期的每年120%降低到10%之内，主要原因便在于阿里巴巴多管齐下的留人策略（见图6-2）。

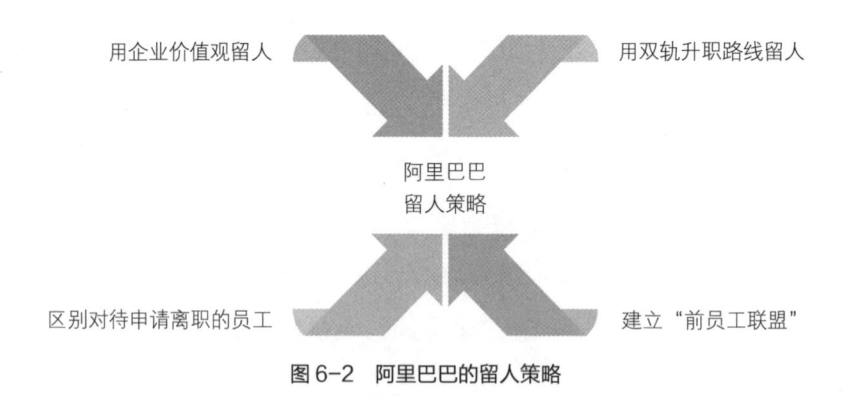

图6-2 阿里巴巴的留人策略

用企业价值观留人

在阿里巴巴的人才战略中，最核心的一点就是对企业价值观的认同。如果不认同企业的价值观，即便业绩优秀、能力突出的员工，阿里巴巴也不会挽留；对那些认同企业价值观，能够融入企业的员工，阿里巴巴则会通过多方面的激励措施，来保障他们的安全感和归属感。

激励中较为重要的便是薪酬。阿里铁军的薪酬由三部分组成，分别是基本工资、奖金和期权。其中，基本工资和奖金取决于三个因素。

1. 级别

刚进入阿里巴巴的新员工，都有一个明确的级别和基本的薪酬，也就是此前我们提到的 P 序列层级和 M 序列层级，不同层级之间的薪酬差距很大。

2. 绩效

在阿里巴巴，同一级别的员工，工资也有高低之分，主要差距便在于绩效。业绩出色、贡献突出的销售人员，薪酬自然更高。

3. 人才盘点

阿里巴巴董事会每年都会对人才进行一次盘点，主要盘点的是这个人在行业里的不可替代性、稀缺性、成长性等，人才盘点的结果和员工的绩效、级别挂钩。人才盘点还有一个目的，就是明确重要的 20% 的人才去留。假如这部分人才流失率很大，阿里巴巴的人力资源管理部门就要采取相应的措施，这也符合管理学上的"二八法则"。

对此，马云有一句话说得很到位，"阿里巴巴就是要把80%的钱给到20%的人"。凸显重要的20%的人才，目的主要在于激活人才池，最大限度地减少各种"搭便车"现象，避免"南郭先生"的出现。

用双轨升职路线留人

按照常理，业绩优异的员工应是晋升的主力军，正所谓"学而优则仕"。然而，很多公司在实际经营中却发现，有些业绩优异的销售人员，管理能力却存在明显欠缺。如果只依靠业绩来进行考核，很可能会错失真正有管理能力的销售人才。

简单来说，如果一名员工业绩突出，同时有着较强的管理潜质和意愿，就会沿着管理线升职。如果业绩突出却没有管理潜质，则会沿着技术线发展。在阿里巴巴的高层管理者中，很多人都曾得益于这种双轨晋升机制，现任阿里巴巴首席人才官童文红就是其中一位。

童文红在2000年加入阿里巴巴，她的第一个职位是公司前台。当时的她已经30多岁，没有多少专业背景，竞争优势较弱。但是，在接下来的一年中她工作认真，踏实肯干，为公司做了不少实事，因此受到了时任首席人才官彭蕾的赏识。不久之后，彭蕾就把她提拔为行政部主管。刚开始，童文红有些犹豫，最后在彭蕾的鼓励下才勇敢地接下这副担子。

在那之后，童文红用自己兢兢业业的努力在阿里巴巴一路高歌，先后在公司的行政、客服、人力资源等部门从事管理工作，一步步成为阿里巴巴首席人才官，还进入了阿里巴巴上市后的合伙人名单。

区别对待申请离职的员工

员工离职是每个企业都必须面对的问题，如何对待离职员工，很大程度上关系着企业人才的流失率。

阿里巴巴上市后，有不少持股员工都实现了财务自由，其中有一部分人选择了套现离职。当时，有人曾问马云如何看待这一现象，马云笑着回答："好的公司，一定要进来困难出去容易。如果进来容易出去困难，那就是监狱了。"

马云说得如此有底气，是因为阿里巴巴在这个问题上早有准备。彭蕾曾说："有些人，如果他在公司时间已经很久了，他也很累了，能力也到一定瓶颈了，他现在也有那么多钱了，决定离开，我觉得应该为他高兴，对公司和他都有所交代。另外，还有一些人是有能力、有潜力的，这些人我们要想方设法留住，怎么留呢？除了利益，我觉得还是要用事业留人。他不能觉得阿里巴巴已经到一个巅峰了，自己也没什么事干了。其实我们还有很多很多事情，阿里巴巴的蓝图才刚刚展开。"

阿里巴巴之所以要极力挽留有能力、有潜力的人，主要是因为这类人才在公司任职多年，认同公司的价值观，熟悉公司的业务流程，要培养出足以替代他们的新人需要花费很大的时间成本。

留住这些还能发挥余热的人才，远比重新招聘及培养一批发展前途不明的新人要划算得多。

建立"前员工联盟"

世界这么大，肯定有人铁了心想要出去看看。当你遇到这种情况时会如何处理？是一拍两散、反目成仇，还是拍拍他的肩膀，说一声"山高水长，心在一起就是朋友"？

员工离职，其实是对管理者心胸的极大考验。有些销售团队的管理者格局不够大，跟每一名要走的销售人员都会闹得十分不愉快，甚至采取各种手段让人走得不痛快。某互联网巨头曾经在裁员时派了两名保安盯着一名员工，不允许他再碰公司电脑。这样的解雇过程自然引发了大规模的抵制甚至诉讼。如此做派，让公司失去了人心，也让整个团队军心动摇，为日后的发展埋下隐患。

马云曾经说："一天的阿里人，就是终身的阿里人。"阿里巴巴每年都会组织盛大的前员工聚会，每次的参与者多达一万多人。在聚会时，高层管理者也会赶到现场，与这些前员工侃侃而谈，既谈投资也谈合作。

如果你能够这样对待离职的销售人员，销售团队中现有的其他员工也会更加努力。因为他们知道，你并不是在利用他们，而是真的在为他们的未来着想。更有甚者，如果有销售人员想要创业，你还可以给他投资，成为他的天使投资人，这是最靠谱的一种投资方式。

判断一家公司是否有发展前途，能否留住人才是很关键的一点。如果留得住人才，即使规模很小，也有可能在行业内成为赶超者；如果留不住人才，即使处于行业领先地位，也很可能会有被竞争对手超越的那一天。因此，对一家公司的发展来说，留住人才是发展过程中必须迈过去的一道关卡。

将"野狗"和"小白兔"踢出队伍

在前文中,我向大家介绍了如何找对人,如何培养人,如何留住有用的人,这些都是企业人才队伍建设中的重要内容。这些环节如果都能做到位,相信大家很快便会拥有一批顶尖的销售精英,组成一支战斗力极强的销售铁军。不过,在人才队伍的建设中,还有一个问题同样重要,那就是企业的裁人问题,你得明白哪些人不该留。

围绕价值观评价和绩效评估体系,阿里巴巴对留下的员工分别赋予了不同的属性:狗、牛和明星(见图6-3)。

"明星"型员工在价值观和业绩考评中都是佼佼者,公司会投入大量资源去培养他们,让他们成为下一代的接班人。"牛"

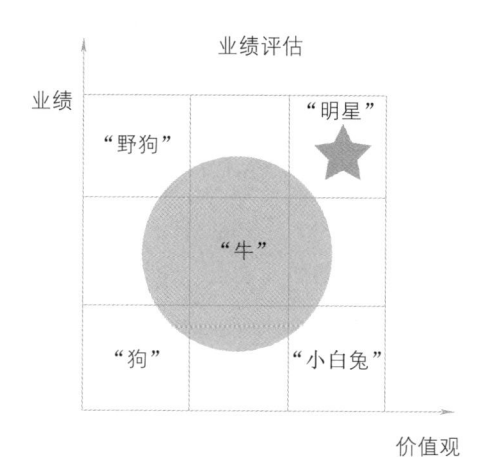

图6-3 阿里巴巴员工分类图

型员工价值观和业绩都能满足企业需要，是企业未来管理人才梯队里的重要来源。"狗"型员工价值观和业绩大多很一般，有的甚至达不到标准，公司会给他们一些机会，比如进行帮助、进行轮岗，如果他们还是没有提升，才会被淘汰。

"明星"型员工是公司学习的对象；"牛"型员工值得花时间培养，将来可能从中产生"明星"；"狗"型员工属于留司察看的类别，如果通过努力有所改进也会被留下。但下面两类员工，却是阿里铁军坚决不会留下的人。

马云曾经在公司内部演讲中说："做事一定要结果，但如果只是以纯结果为导向，不注重团队和游戏规则，不注重原则，这样的人我们称之为'野狗'。这些人业绩很好，但价值观很差，是一定要'杀'掉的，今后你在自己的团队里也要做到。还有一些人，文化特别好，特别善于帮助别人，但业绩不行，我们称之为'小白兔'，也得'杀'。'杀小白兔'心里特别难受，因为他们都是好人，但你不'杀'，就永远不能治理好一个企业。"

一般来说，"野狗"型员工都很有能力，业绩也很优秀，但有些恃才傲物，公司的规章制度经常被他们视为无物，对公司的价值观也多半不太认同。"小白兔"刚好相反，这类员工极其认同公司的价值观，而且严格遵守公司的规章制度，对同事团结友爱，对上级尊敬遵从，但唯一不合格的一点就是能力太差，业绩很少能达标。

任何企业都存在这两种类型的员工，很多企业都会从中二选一。有的公司会留下"野狗"，淘汰"小白兔"，这些公司都以业绩为导向，有业绩就是英雄，没业绩就是"狗熊"。在这种价值观的熏陶下，销售人员会不可避免地形成"为了业绩不择手段"的思维方式。这必将成为公司发展的隐患，甚至让公司处于危机四伏的境地。

有的公司会留下"小白兔"，赶走"野狗"，这些公司大多以规章制度为导向。他们认为"小白兔"是员工中的道德模范，所以会留下他们给其他员工做榜样。这种公司虽然内部很团结，也很有人情味，但业绩一定不会太理想，很可能会在残酷的市场竞争中率先被淘汰，这一点在销售团队中表现得尤为明显。

所以，无论是留下"野狗"还是"小白兔"，都不是明智的选择。因此，阿里巴巴在面对这两种员工时会毫不留情面地将其淘汰出局。

在阿里巴巴看来,"野狗"型员工只能在顺境中发挥作用,他们无视规则的过程,会给其他员工带来极大的负面影响,从而导致团队协作效率大幅降低。虽然他们的业绩确实优秀,但阿里铁军靠的是团队作战,单兵能力再强,不服从命令也不行。

相对而言,淘汰"小白兔"型员工多少会让人感到惋惜。因为"小白兔"除了业绩不好,其他方面都表现得非常优秀。但是,就像马云说的那样,"一个公司'小白兔'多了以后,那就是一种灾难。如果不'灭'掉几个'小白兔',这个公司就不会前进,不会进步"。公司要发展,自然要靠效率和效益,如果不淘汰这类员工,那么整个团队都不得不花费时间、精力去给他们收拾烂摊子。从这一点上来看,"小白兔"的功与过已经相互抵消了。

说到这里,大家可以思考一下,你的公司或者团队里是不是也有"野狗"和"小白兔"?我想答案是肯定的。那么,从长远来看,为了团队的建设,也为了公司的发展,就不能再心软、再犹豫,淘汰他们是最好的选择。

[本章小结]

人才招聘四项原则

- 不轻易下放招聘权。
- 业务部门主导。
- 刨根问底。
- 找到做非凡事的平凡人。

人才培养五大关键

- 人才靠培养。
- 能力靠激发。
- 培训靠体系。
- 留人靠留心。
- 淘汰靠决绝。

第七章

领导力培养：

一个好的管理者，必须是一个好教练

一般的管理者能够针对市场局势、企业动态等理论知识侃侃而谈，但对于实操指导却是不愿也不能。一个优秀的管理者则更像一名经验丰富的教练，往往能够通过亲自示范和亲身经历，给予销售人员最有效的指导。这就是领导力的差距。

管理者必备的三项能力

对一个团队或一家公司来说，销售人员都是在管理者的培育下成长起来的，"猎犬"型的管理者能带出一批"猎犬"，"老黄牛"型的管理者大概率是带出一批"老黄牛"。从某种程度上讲，管理者能力的高低决定了团队成员的工作水平，从而也决定了业绩的上限。

管理者的能力有两个维度，一个是销售能力，另一个是管理能力。在阿里巴巴的管理体系中，对于管理者的选拔，除了考量他的使命、愿景、价值观是否与公司一致，在能力方面也侧重于兼具销售能力和管理能力的人才。但我从阿里巴巴离开之后，发现其他企业并非如此。大多数公司在选拔管理者时，衡量的标准是以业绩为主，常常忽略管理能力。

由团队中业绩最突出的销售人员担任主管，由团队业绩总和最高的主管担任地区经理，由地区业绩总和最高的地区经理担任销售总监，这种选拔模式虽然看上去合情合理，但其实是在销售能力和管理能力之间画上了等号。拥有一定管理经验的人都清楚，这两种能力有时并不对等。

有很多企业的经营者和管理者在与我的交流中，都提到了当前销售管理体系中出现的诸多问题：干了七八年的老销售业绩好，却倚老卖老；当上了管理者却不愿意培养新人，只想自己拿业绩，多赚钱，导致公司新人成长不起来，团队没有战斗力。

我们也一直在强调，管理者要学会通过别人拿结果。企业要求管理者具备强大的销售能力，不是让管理者自己去做业绩，而是通过辅导销售人员，推动他们的能力成长和业绩提升，从而实现团队乃至整个企业的业绩增长目标。所以，管理者在具备销售能力的同时，也要提升自己的管理能力（如图7-1所示）。

01 培训指导　　02 修正风气　　03 逆境破局

图7-1　管理者能力模型

培训指导的能力

管理者最主要也是最重要的工作就是培训、辅导你的团队成员。你对培训工作的用心程度，会直接决定团队中销售人员未来的成长速度和能力上限。

1. 明确自身的位置

你的责任就是培训和辅导，所以你要把全部的精力投入这项工作中。**即使你过去曾经是销售冠军，可自你成为管理者的那一天起，客户开发、沟通、签单都只能是你在管理工作之余才可以进行的次要工作。**因为你的收入水平、能够获取的荣誉不再和你的业绩挂钩，而是和你的团队整体业绩相关联。如果你想继续保持高额的收入、收获更多的荣誉，只有通过培训指导，让你的团队成员成为优秀的销售人员，让他们帮你拿到这个结果。

2. 建立完善的培训体系

成为一个优秀的管理者，除了拥有好的态度，正确的方法也非常重要。销售人员的培训可以分为前期的统一培训和后期的个人指导。统一培训主要讲解的是一些企业的文化、产品的信息、工作的流程以及基本的话术等简单的知识，管理者可以提前将这些制成电子版或纸质资料，也可以通过音频或视频的方式让销售人员自学习得。但管理者需要定期考核和审查，然后对学习效果不理想的员工进行二次培训。

而后期的个人指导，由于每个销售人员的问题都具有独特性，所以不可能制定统一的培训材料，只能就事论事，逐一指导。但你可以规定一个具体的时间，比如早会、午休或者晚会，由销售人员提出问题，然后你来统一解答。这样不但能群策群力，而且可以让每一位销售人员都共同经历问题的解答过程。当不同的销售人员遇到同样的问题时，他们就可以自行解决，不需要管理者再次单独指导，这样做也间接地提高了指导的效率。

修正风气的能力

管理者的职责是帮助团队中的每一个人都赚到钱，帮助企业打造高人效、高战斗力的铁军团队。随着团队人员的增加和更迭，难免会出现害群之马，这些人有些是因为长期没有业绩导致工作激情和动力的缺失，有些是因为能力相对突出，所以心高气傲，总是各行其是，漠视纪律。这些员工的消极状态如果不能改变，会由点及面蔓延到整个团队，并最终影响整个团队的工作效率和业绩。

想要解决这些问题，首先，你可以挑选一名相对积极且遵守纪律的团队成员，帮助他成为业绩标杆，以他的优异成绩持续刺激问题员工，从而使消极者产生工作动力，骄傲者服从团队管理。其次，要晓之以理，动之以情，限期改进；如果没有改进，直接劝退。

虽然这两种方法在实际应用中能够取得一些效果，但毕竟只是问题发生后的应急处理，如果能够防患于未然，才是更好的管理手段，比如建立完善的管理体系，避免出现这些问题。

什么样的管理体系才是现阶段企业所需要的呢？在我看来，它需要具备两个特点。

第一，管理者的选拔以"又红又专"为标准。比如，阿里巴巴的业绩考核体系里面价值观的部分占50%，业绩占50%，以这样的标准选拔出来的管理者，可以保证自上而下的价值观一致，从而避免不良心态的出现。

第二，一套好的管理体系要赋予管理者"杀无赦"的权力，这背后是对制度的遵守和服从。对销售人员来说，在得知违反纪律的后果如此严重的前提下，也会主动遵守团队的秩序，服从管理。

我在东莞做区域经理的时候，有一次开区域主管的会议，讨论要不要开早会（早启动），开会的原则是"决策前充分发表意见"。有两个派到樟木头办事处的主管一致同意："这个制度很好啊，我们认可。"

早启动制度获得一致通过后，管理者就要检查制度具体落地的情况。

一天早上9点半，我打电话给樟木头办事处一位主管的下属，问他们有没有开早会，这名销售人员说"没有"。我又打电话问另一名销售人员，还是得到没有开早会的反馈。

我当时很奇怪，明明是公司的制度，管理者为什么不执行呢？

我就打电话问这位主管到底是什么情况："我想了解下你们的早启动开了吗？"

"没开。"

"我们在区域的主管会议上一致讨论通过了要早启动，你为什么不执行呢？"

"每天要出去陪访，没时间开早会……"

第七章　领导力培养：一个好的管理者，必须是一个好教练　　223

"你是觉得开早会不重要吗？既然觉得不重要为什么在开会的时候不说出来？决策前充分发表意见，决策后坚决执行，这是公司制度。"

这位主管支支吾吾，不知道怎么回答。我提议让他过来沟通一下公司的制度在执行过程中到底出了什么问题。

"我在陪访客户的路上，暂时回不去。"

"你先回来，让销售人员自己去跑。我们好好聊一下关于公司制度落地执行的问题。"

"今天这个客户很重要，如果我不回去会怎样？"

"你不回来也要回来，回来办离职手续。"

最后这位主管回到公司，通过沟通，我们就公司制度落地执行的问题达成了共识。

作为管理者，如果决策前说坚决执行公司的制度，决策后却不行动，没有上传下达的执行力，公司还怎么放心让他做管理者呢？

逆境破局的能力

管理者要想带出一支好团队，除了能够在顺境中创造高业绩，还需要在逆境中带领团队成功破局。

2004年，我被调任东莞。当时的东莞市场业绩排名全国倒数第一。团队20多名销售人员，每月的销售额最高只能做到70万元，而且这个成绩还只是偶尔才能达到，大多数时候比这更低。

在市场困局中，我始终坚持在一线陪访，帮助销售人员提升销售能力，然后和团队成员一起寻找关键决策人。在这个过程中，我有很长时间只能靠基本工资度日，但我宁可借钱生活也要坚持。因为我知道这个团队需要我，我也相信这个团队。

经过不懈努力，我们终于成功打开了市场局面。我用了8个月时间，带领55个人的团队，从人效每月6万元做到人效每月22万元，冲上阿里铁军全国区域团队人效增长第一名。

作为管理者，在面对困境时，首先，你要保证自己可以迎难而上，绝不放弃。因为在团队成员眼中，你不只是一名管理者，也是他们的主心骨，只要你不被困难打倒，他们就不会失去继续奋斗下去的勇气。

其次，你一定要亲临一线战场，这对你的团队成员来说具有非凡的意义。身为管理者，你可以跟销售人员同甘共苦，团队的凝聚力和向心力之强大可想而知，而这股力量是销售团队攻坚克难过程中最不可或缺的动力。同时，扎根一线，可以让管理者更清晰地发现销售人员的缺点以及冲破困难阻碍的关键，也能够更加有效地提升销售人员的能力，更加高效地解决现阶段面临的问题。

管理者能力的高低决定了团队业绩的天花板，不要让你自身的能力限制了销售人员的未来、团队的未来，乃至公司的未来。一名负责任的管理者只有不断学习进步，才能实现业绩的持续上升。

优秀的管理者都是好教练

在前面的章节中,我不止一次提到了管理者最重要的职责就是培训和指导自己的团队成员,帮助他们快速成长。也就是说,管理者扮演的是一个类似于老师的角色,但我个人却更倾向于把管理者定位成教练。

大多数人可能认为老师和教练这两个角色之间不存在多大差距,但事实并非如此。这一点从二者的释义上就能看得出来。老师主要是从事系统教育的理论工作者,而教练更像是一个技术工种。也就是说,老师的教学侧重于言传,教练的指导则主要侧重于身教。只有水平一般的管理者才会在培训时滔滔不绝、口若悬河,真正优秀的管理者更愿意身体力行,为团队成员做示范、做表率。所以普通的管理者或许可以被称为老师，但优秀的管理者一定都是好教练。

当然，想要成为一名好教练并不是一件简单的事，首先你要遵循两大原则："给予他想要的"和"关注你想要的"，其次还要具备两大能力：销售能力和有效辅导能力。

好教练要遵循两大原则

1. 给予他想要的

虽然管理者是提供培训或者指导的人，但课程的内容却不是管理者自己能够决定的。就像健身房的教练一样，你如何指导学员，不是根据你的意愿而是按照学员的需求，管理工作也是如此。即使是同一个团队中的成员，个人的特点、遇到的问题也会各不相同。管理者只有因地制宜、因材施教，给予团队中每一名销售人员他们想要的、需要的不同知识和技能，才能保证培训与指导的效果，才能确保团队的正向发展。

"给予他想要的"就是管理者要协助销售人员拿下他想拿下但是拿不下的客户。

> 我在杭州做销售主管的时候，团队里有一名老销售，平时的业绩有一单没一单，一个月做个五六万元，也从来没拿过金牌。
>
> 在了解完情况之后，我发现他的客户拜访量和A、B、C三类客户积累都尚可，每天也能完成了"358"：3家有效预约、

5家有效新客户、8家拜访量，但最大的问题是每月留单。

对此，我决定先帮助他冲刺金牌，完成他之前想完成但没有完成的目标，那么如何协助他完成金牌目标呢？

我从日常"早启动、晚分享、中间抓陪访"做起，并做好激励，从心态和能力上协助他全面冲刺金牌。结果，他第一个月做了98000元，离10万元的金牌就差2000元，原因是有一个客户的货款没有及时到位，所以他没办法在那个月签下这单。

为了帮助他冲金成功、树立信心，公司管理层经过商讨，决定先和这个客户签合同，收2000元定金，等客户货款到位之后再交足余额，这样正好也能帮助这名销售人员完成10万元的金牌业绩。

就这样，这名老销售成功拿下人生的第一个销售金牌，至此，信心倍增。在原有认知被打破之后，他的业绩一路上涨，接下来的两个月分别做了18万元和35万元的业绩，成为团队的销售标杆。

2. 关注你想要的

管理者给予团队中的销售人员想要的知识和技能是必须做的，但有些销售人员对销售工作的认知程度和实际情况存在较大偏差，如果一味地按需供给，会让很多本来无用的知识搅乱学习的过程。

同时，由于销售人员的水平有限，一些细节化或者发生在销售过程后期阶段的环节会被他们忽略，如果管理者只给予他们想要的，那么这些环节的缺失就会影响销售人员的工作效率和效果，严重的还会给公司带来不必要的损失，甚至影响销售人员对工作的自信。

所以，一名优秀的教练不只要给予团队成员需要的，还要关注自己想要的。一般情况下，身为管理者的你应该是整个团队中销售经验最丰富、能力最强、行业认知最深刻的人，有些销售人员看不到的细节，曾经都是你的亲身经历，所以，其实你比他们更清楚他们需要什么，当然除了一些个性化的东西。

我一直在说，通过过程拿结果，实际上，结果又何尝不是在指导过程。管理者要关注自己想要的结果，然后根据这个结果判断达成目标所需的过程，最后综合销售人员自己所需要的指导，把具体的过程细节落实到销售人员培训上，这才是一个优秀的管理者对员工进行培训的方式。

好教练要具备两大能力

是不是管理者明白应该如何进行教学，就能保证培训的质量了呢？答案当然是否定的。原则固然重要，但如果提供培训的管理者没有相应匹配的培训能力，也无法达到预期的效果。

1. 销售能力

管理者所做的培训，主要内容就是销售知识和技能，所以成为管理者最基本的技能就是销售能力。而且在选拔管理者的时候，销售能力也是考量的重要内容。管理者虽然已经成为一名管理人员，不需要再到一线发挥自己的销售能力，但也不能忽略对自身销售能力的持续打磨，应该始终关注最新的销售知识，并将之转化为培训内容。

2. 有效辅导能力

第一，"教"什么：激发销售的积极性。

销售看似是一个复杂的工作，实际上就是一个人与人之间沟通的过程，即使是受教育水平相对较低的销售人员，只要愿意接受培训教育，乐于学习新的事物，也有全面掌握销售知识和技能的一天。但前提是管理者成功激发了他们的积极性，解决了他们的意愿和心态问题。

从我的职业生涯来看，每一名顶尖销售人员无一例外都具备勤奋的特质。想打造销售标杆，首先要解决销售人员懒惰的问题。

众所周知，高业绩源于两大核心要素：拜访量和签单率。签单率是一名销售人员整体能力的集中体现，不是短时间可以迅速提升的，**但拜访量作为高业绩的基础，只要勤奋就会显著增加。**

比如，销售人员现有的客户转化率是8%~10%，这个数值暂时无法提升，那么想要提升业绩，只有增大拜访量。拜访量问题可以靠勤奋解决，如果销售人员没有拜访量，管理者就要想办法通过沟通交流让他们把自己心中的那团火燃烧起来。

同时，要进行有效的心态辅导，不能让他们在拼搏之路上被各种郁闷、痛苦的情绪困扰和阻碍。管理者要解决他们心态上的问题，及时帮他们清理情绪垃圾，让他们能够在完成枯燥工作的同时保持积极向上的心态。

如果团队中的销售人员"努力到无能为力，拼搏到感动自己"，还是不出业绩，管理者应该怎么做呢？

我认为首先要帮他分析问题所在，造成现在这种结果可能是因为之前"欠债"太多：缺乏自我总结能力，知道自己能力、技巧方面有所欠缺，但就是不去填补，不去自我改变。

如果不改变自己，公司就来改变你的命运，对管理者而言就是：我教了，你也认可了，但就是不行动、不改变，或者像蜗牛一样改变得特别慢，那我还不如把这些时间给听话、照做、能快速自我改变出结果的人。

第二，"练"什么：销售动作标准化。

作为一名教练，你的工作不只是教学，还要做好过程管理。一套标准化的销售体系，能够帮助你更方便地布置并监督每天、每周、每月销售人员要做的任务，从而把他们的销售知识和技能基础夯实。

比如，要求他们每天做到3家有效预约、5家有效新客户、8家拜访量的日常任务。即使他们初期阶段达不到这项任务标准，管理者也要持续监督和督促，直到他们能够完成任务标准为止。只有这样，才有从量变到质变的可能。

更重要的是，管理者要帮助销售人员提高签单效率，训练他们一次性签单的能力。如果他们见到了关键决策人，而且客户有需求、有预算，就要求他们一次性签单。我在阿里巴巴的时候，一次性签单率能达到40%。

教练要想解决销售人员意愿、心智、效率和方法的问题，就要先让销售人员把客户数量做起来，再着力提升客户质量。量的累积自然会产生质的变化，之后管理者再去协助他们做好客户管理，至于怎样协助，要根据管理者的能力和销售人员的需要来决定。

管理三板斧：
"揪头发""照镜子""闻味道"

阿里巴巴的管理三板斧分别是"揪头发""照镜子""闻味道"，指的都是管理者在组织中发展与成长的方法和思路。一个管理者如果想更顺利地运用这三板斧，就必须先具备三种能力：眼界、胸怀、心力。有了这三种能力，管理者就能成为一个内心强大、有责任心的优秀管理者，团队的成长就会变得非常容易。

我将给大家详细解读一下阿里巴巴式的管理三板斧到底是怎样"挥"出去的（如图 7-2 所示）。

```
第一板斧          第二板斧          第三板斧
"揪头发"          "照镜子"          "闻味道"

1. 开阔眼界       1. 要做自己的镜子   1. 有自己的味道
2. 训练内心       2. 要做别人的镜子   2. 闻他人的味道
                 3. 要以别人为镜子
```

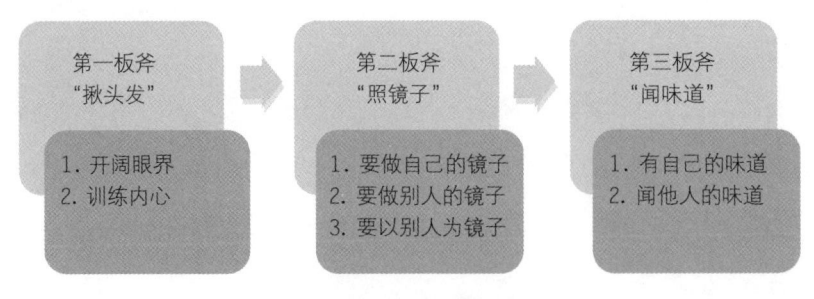

图 7-2　阿里巴巴式销售管理三板斧

第一板斧："揪头发"

管理者在工作中容易出现的问题是：考虑不周全，急功近利，和其他团队不团结。为了杜绝这些问题，管理者要开阔眼界，开放胸怀。

1. 开阔眼界

眼界是一个人看待事物的广度与深度，不能只看到眼前利益，也不能只看到自己的利益。我曾经见过一个管理者对自己的团队成员说："我们一定要打败对面那个小组，你们一定要想办法把他们的客户抢过来。"这样的管理者不是想着让自己的团队成员去挖掘客户，而是想用这种不正当竞争打压别人。还有些管理者为了成交会在客户面前过分美化自己的产品，或者只想卖产品却不关注售后服务，这种单子即使签了也是很难续约的。出现这些情况，说明管理者的广度与深度都不够，也就是目光太过短浅。

销售管理者的眼界常常指的是大局观。没有大局观的管理者，只会在获得蝇头小利的时候沾沾自喜，殊不知"芝麻"旁边还有一个"大西瓜"。管理者是团队的核心，千万不要为了暂时的利益因小失大，否则一定会得不偿失。

2. 训练内心

在培训中，我们该如何训练管理者强大的内心呢？可以从以下4个方面入手：

一是寻找管理者内心的力量。通过坦诚的交流与教练的引导，让他们发现成长过程中支持自己的最重要的力量源泉和最有成就感的体验，并让他们始终保持这种自我悦纳的心态。

二是要求团队的参与和支持。团队内部要充分沟通，积极和团队成员一起探讨变化的必要性与可能的方法，最终得到团队的支持。

三是争取更高级别管理者的参与支持与资源支持。上级一定是最重要的资源，好的上级不是来对下属指手画脚的，而是当下属需要的时候可以提供大力支持，并发挥画龙点睛的作用。

四是愿赌服输。将目标与计划写入KPI，在制定KPI的时候充分地交流，一旦确定，就愿赌服输，按照事先的约定来执行。

第二板斧："照镜子"

这里说的"照镜子"有三层意思：首先，管理者要做自己的镜子，即对自己有一个清醒的认知，不高看或者低看自己；其次，还要做别人的镜子，帮助销售人员成长；最后，也要以别人为镜子，从别人身上看到自己的优势和不足。"照镜子"能使管理者和销售团队一同提高，共同成长。

1. 要做自己的镜子

很多人觉得自己了解自己，其实不然。有的人妄自尊大，有的人妄自菲薄，甚至同一个人在不同处境下也会表现出不同的状态，有时好高骛远，有时畏首畏尾。所以，人常常是很难看清自己的。管理者要清醒地认识到自己的长处和缺陷，常常内省，这个过程就是成为自己的镜子的过程。

2. 要做别人的镜子

在管理销售人员的过程中，管理者至少要能及时发现两个问题：第一，能发现销售人员的长处和不足，然后根据每名销售人员的特点合理地分配工作、落实工作、检查工作；第二，能及时发现团队内部的变化。

想要做到这两点，就要细致观察，学会倾听，学会理解。如果用得恰当，管理者这面镜子可以帮助销售人员突飞猛进，还可以帮助团队凝聚力与日俱增。

3. 要以别人为镜子

自视过高是很多管理者容易走进的一个误区。要想走出这个误区，管理者就要学会以别人为镜子，时常告诫自己要不矜不伐、不骄不躁。无论是面对上级还是下属，都要知道尺有所短，寸有所长。阿里巴巴流传着这样一句话："对待上级要有胆量，对待平级要有肺腑，对待下级要有心肝。"不管我们面对的是谁，都要把他当作一面看清自己的镜子，要承认别人的优点，见贤思齐，不甘落后，也要通过别人的缺点反躬自省。

第三板斧："闻味道"

阿里巴巴管理体系中的"闻味道"包含两方面的含义。

1. 管理者自身要有属于自己的"味道"

管理者要有自己的"味道"，这个"味道"可以是沁人心脾的，也可以是如沐春风的，但一定不能是烟雾缭绕、乌烟瘴气的。有的管理者经常在开会的时候喊口号、唱高调，但在面对实际问题时总是拿不出有效的解决方法；有的管理者在工作中不仅无法高效指导销售人员，团队业绩不理想时，还会气急败坏地做出一副恨铁不成钢的样子。这样的管理者散发出的味道是浑浊不堪的。管理者的"味道"，很大程度上决定着整个团队的"味道"。

2. 管理者要能清楚地"闻"到销售人员和团队的"味道"

团队中每个成员的教育背景、性格特点、个人经历以及成长环境都是不尽相同的。想要管理好团队，管理者就必须了解团队中每个成员的具体情况。这里所说的具体情况，不仅包括销售人员的性格特点、价值追求和业务完成情况，还包括一些潜在或隐藏的问题。

一个来自江西的学员跟我讲过这样一件事。他在当地一家合资企业做销售经理，有一次，他偶然听到几个员工在聊天。其中一个女孩儿跟其他同事抱怨，说为什么这个月工资要晚发几天。当时，这位销售经理就走过去问："工资早发几天、晚发几天有什么关系？公司不会少发大家一分钱。"那个女孩儿看到自己在背后的抱怨被经理听到了，吓了一跳。不过在经理的追问下，她还是说出了实情。原来，她的信用卡还款日跟发工资的日子是同一天，之前没有晚发工资的时候，她总是能按时还款，可这个月晚发了几天，她就有点着急了。而且过两天团队里有同事要结婚，她还要出份子，所以她真的是急需用钱。

当时听到这件事之后我就在想，这个经理的收入自然比那个女孩儿要高出很多，所以他很难理解工资早发几天和晚发几天有什么区别。但是对那个女孩儿来说就不一样了，因为她在这个陌生的城市打拼，房租、水电、一日三餐、交际等都需要钱，而且女孩儿爱美，还要买点衣服、化妆品，这些都要她的工资来负担。她在团队里的业绩也一般，所以到了月底没钱花很正常。想到这里，我就对那个经理说："你把工资都交给你老婆了，每天衣来伸手饭来张口的，你老婆把什么都给你准备好了，你自然不知道月底没钱花的苦恼。我看，你连脚上这双鞋多少钱都不知道吧？"

像这位销售经理这样的管理者并不少见，他们正是因为没有充分了解团队成员的情况，所以才没办法做到换位思考。如果这位管理者事先了解了这些情况，就会充分理解这个女孩儿的抱怨，或许还会暂时帮助她解决一下眼前的困难。这样一来，不仅可以提升自己在团队成员中的威信，也能让团队成员更加心向团队、心向公司，从而在今后的工作中更加努力，做出更大的成绩。所以，管理者除了要在工作中与团队成员进行必要的沟通和交流，也要多关心一下他们在生活中遇到的一些困难，多给他们一些人情上的关照，这绝对是管理中的一剂良药。

总之，管理者要开阔自己的眼界，保持良好的洞察力和换位思考能力，善于发现自己和销售人员的不足，这样才能因时、因地、因人管理团队。而"揪头发""照镜子""闻味道"正是可以让管理者开阔眼界、登高博见的万全之策，认真履行，终会有所收获。

[本章小结]

销售管理者的三大能力

- 培训指导的能力：明确自身位置，完善培训体系。
- 修正风气的能力：树立业绩标杆，抵制消极情绪。
- 逆境破局的能力：迎难而上，绝不放弃。

阿里巴巴式管理三板斧

- "揪头发"：开阔眼界＋训练内心。
- "照镜子"：做别人的镜子＋做自己的镜子＋以别人为镜子。
- "闻味道"：要有管理者自身的"味道"＋清楚团队及其成员的"味道"。

第八章

落实数据化管理

科学的数据化管理,已经成为现代企业管理重要的组成部分,尤其对销售部门来说,这一管理模式尤为重要。通过检查销售人员 CRM 系统里的各种数据,管理者可以清晰了解他们的客户情况,及时发现其中存在的一些问题,并给予及时指导,帮助他们解决问题,为签单奠定基础。

建立科学的数据化管理体系

不管你是高层的首席执行官还是基层的主管，都曾面临一个问题：销售部门和人事部门收集好了销售数据，存在计算机里，时间一长就形成了一个很大的数据库。这里面有已经成交的客户资料，有还未成交但是未来有可能成交的客户资料，还有基本不可能成交的客户资料。面对这些繁杂的资料，很多管理者都不知道该怎么处理。

如果你的公司出现了这个问题，说明你们在日常工作中的数据化管理做得不够科学。庞大数据库的存在应该是为我们服务，而不是让我们头疼。数据化管理工作做得不够好，会非常影响工作效率，也会在无形中流失很多业绩，给管理带来不可预期的麻烦。

有学员曾跟我说，他的团队一直在做数据化管理工作，可是效果却不太好。于是我问他是怎么做的，他的答案是：文职人员把每个员工的录入量、拜访量、成交量统计出来，然后交由他审阅。听到这儿，我告诉他，他做的并不是数据化管理，而是检查数据。

数据化管理涵盖的内容除了这些，还应该包括大量的初始数据，如拜访量、客户数量等；还要有大量的转化数据，如增长率、转化率等。科学的数据化管理不只是看一看，而是要认真研究；不是粗浅的几个数字，而应该是详细的表格和大量的信息。

我知道，科学的数据化管理对传统的企业管理者来说还是一个相对新鲜的概念。他们大多只会关注销售人员的业绩完成情况，至于记录业绩数据和客户资料基本不在他们的考虑范围之内。当然，有一些管理者已经知道了这些数据的重要性，也叮嘱了销售人员要把数据记清楚，但是他们缺乏科学的管理手段。针对这两种管理情况，我提炼出三个问题，这三个问题基本上涵盖了数据化管理的所有内容。

为什么要管理

1. 通过数据分析进行管理

一般来说，公司的销售部人员是这样分级的：销售总监管理大区经理，大区经理管理区域经理，区域经理管理主管，主管管理销售人员。这是常见的四层架构。如果公司的规模相对较小，一般三层架构就够了。因为多一层架构，事务的上传下达就多了一道程序，工作效率就会下降很多。

进行数据分析和管理正是与公司的这种人员设置有关的。比如，主管看到某个销售人员业绩非常好，但是通过检查他的客户资料发现他收集了大量没用的客户资料，这才知道他的客户转化率很低，只是碰运气才拿到了这么好的业绩。如果主管没有检查和分析他的数据，到了下个月他的业绩突然一落千丈，很可能主管会被打得措手不及，不明白为什么突然变成这样。

主管是这样，区域经理是这样，大区经理同样是这样。如果没有数据分析，就很难看出问题，而有了数据化管理，一切都会变得一目了然。数据管理工作虽然烦琐，却是不能省略的。存储在 CRM 系统中的数据不能只作为成交、管理的依据，还应该成为分析的依据。

2. 通过数据分析提升效率

如果你是一家公司的销售总监，当你把全国的销售数据拿来看的时候，就会发现一件事：无论全国哪个区域，只要数据差异化很大，那里的大区经理到区域经理再到销售主管，肯定对团队的掌控都非常糟糕，或者这段时间在管理上出现了严重的问题。

对数据的掌控力常常就是对团队的掌控力。根据数据发现问题、及时解决问题是对团队效率的保证，也是让团队稳定进步的有效方式。

管理哪些内容

销售工作的重要数据基本上大同小异，不过，每家公司还是要根据实际的经营模式和发展阶段，找到对自己公司重要的数据，不能照搬别的公司的数据化管理方式。

重点关注的内容包括但不限于：销售人员单位时间（年、月、日）完成的订单数量，A、B、C三类客户的数量，有效预约量，有效拜访量，等等（见图8-1）。

单位时间订单量 01

A、B、C三类客户量 02

有效预约量 03

有效拜访量 04

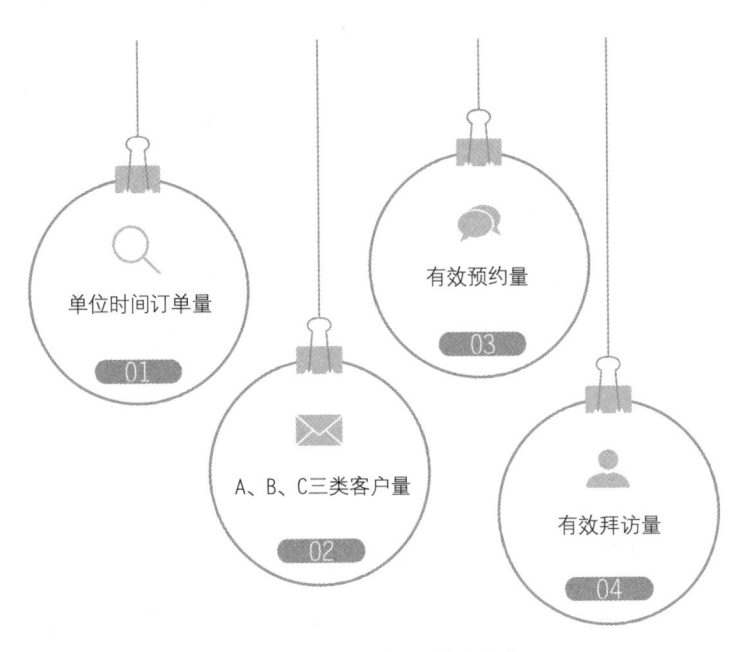

图8-1 数据化管理的主要内容

比如，有一个销售员，一个月的新增客户数量是300个，拜访总量100个，A类客户30个，B类客户30个，然而他的成交数量只有3个。从这里管理者就可以看出他的新增客户和客户分类有问题，他很有可能存在虚报数据的情况，或者他的客户分类没有做到位。

再比如，一个销售人员上个月新增了 300 个客户，成交了 6 单；这个月新增了 200 个客户，成交了 4 单，说明他的有效客户定位相对比较准确，成单率也比较稳定。

根据现有数据，管理者还可以进行数据预测，分析出未来企业或者个人的成长路径。数据是对现在工作情况最直观的显示，管理人员不仅要眼观六路，还要深谋远虑，对未来做出精确的预估，根据数据有效地做出这一阶段的工作计划。

总之，从数据上我们能看到太多的信息，建议大家好好使用数据，不要让数据变成单纯的客户信息记录。

怎么管理

优质的早会

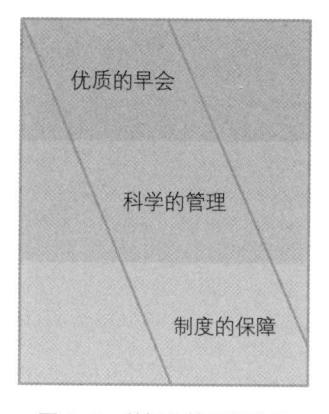

科学的管理

制度的保障

图 8-2　数据化管理的途径

在我看来，成功的管理者都应该组织一个优质的早会。在早会上，他们要对公司的数据进行细致的检查、分析和询问。

在阿里巴巴的早会上，高管会看团队前一天所有的数据，销售经理会汇报本区域里的详细数据。数据通常用不同的颜色标出来，黄色一般代表数据不达标，如果管理者看到标成黄色的数据，一定会询问区域经理具体情况，并督促他们注意并及时改善。阿里巴巴以前一周进行一次数据分析，分析之后会进行一次更新，现在已经改成每天进行一次数据分析了。

数据化管理要科学，从销售人员录入的时候就要求所有信息真实准确，分析过程也要客观。要知道，数据是企业未变现的资产，而数据化管理的客观性也是资产实现最大转化率的前提。

数据化管理还应该有相关的制度做保障，由专人负责，比如制定《数据管理办法》《数据管理责任制度》等，然后根据这些制度来建立专门的奖惩制度。

对于盲目管理、不讲究方法的人，有一句话形容他们很合适，"决策时拍脑袋，指挥时拍胸脯，失误时拍大腿，追查时拍屁股"。仅凭观察对市场进行预测和判断可能会有一定偏差，只有建立在数据之上的预测和判断才能达到精准的要求。

客户转化率是
销售成败的"照妖镜"

作为一名管理者，虽然你能够做到深入基层，和销售人员同甘共苦，但毕竟分工不同、时间有限，想要具体地了解每一名销售人员的工作状况，靠观察或者交流是不容易实现的。但幸运的是，我们正处在一个信息化的大数据时代，所有销售信息都可以通过数据化管理系统以数字的形式具体表现出来。

通过A、B、C三类客户转化率发现销售问题

1. 通过A类客户评估体系发现问题

管理层可以通过销售人员的A类客户当月开发、当月转化的

成交数据，评估这名销售人员在 A 类客户的转化率上处于一个怎样的水平。换句话说，通过 A、B、C 三类客户的转化率数据分析，身为管理者的你可以发现团队中各个销售人员的能力强弱，以及在销售过程中遇到的不同问题。

这种评估分析是一个深入的探询过程，并不是仅仅浮于表面。比如，一名销售人员开发了 5 家 A 类客户，最后成交了 2 家，达到了 40% 的转化率。但是这个时候首先需要去分析，这 40% 转化率里面的客户是不是第一次就见到了关键决策人，另外 3 家没有成交的客户是不是也见到了关键决策人。其次还要看他在整个沟通过程中是否提前做了功课，是否通过精准开发和前期了解实现了有效沟通。最后要考量他在沟通过程中，是否了解了这个客户的购买能力和购买预算。

从这三个维度去考察一名销售人员上门去见客户之前，这些细节做得是否合格，然后再去评估。这个评估模型是自上而下的，因为销售管理层通常具备完整的组织架构。

这个评估体系一般以三个月为一个单位时间。为什么要用三个月的时间去衡量？因为这个月开发的客户，有可能到下个月才成交，所以一般两个月才能记录到一轮有效数据，三个月才能记录两轮数据，形成对比。只有系统地了解了全部数据，才能清晰地分析出这名销售人员具体的 A 类客户转化率，以及影响他当月开发、当月没有签单的关键因素。这个标准化的管理体系，是可以自上而下全部适用的，不论管理者是谁，也不论被评估的销售人员是谁。

2. 通过 B 类、C 类客户评估体系发现问题

B 类、C 类客户的评估体系基本和 A 类客户评估体系是一致的，也会以三个月为单位时间，分析当月开发、当月转化以及当月开发积累到下个月转化的数据。评估的维度也一样：是不是找到了关键决策人，是不是有效探询到了客户对这个类型产品的购买意愿，客户是不是有预算或者购买能力。

根据我的经验，在评估的过程中，你会发现两个有趣的问题：第一，没有转化的 A 类客户，有很多时候是因为没有见到真正的关键决策人；第二，客户有购买能力，不代表这个客户有预算或者近期有预算。把前面这"三个维度"和"两个问题"解决了，你的销售人员就有了明确的目标，作为管理者的你也就形成了有效的管理，签单和管理就会变得非常简单。

提高客户转化率要做的辅导工作

管理者利用数据评估销售人员能力的最终目的，就是给销售人员提供更加具有针对性、更加有效的辅导。在这个过程中，管理者应该注意如下几个问题（如图 8-3 所示）。

1. 辅导不能凭直觉，要因人制宜

首先，这种辅导一定不能是拍脑袋决策。据我了解，很多管理者都是通过直觉去辅导团队销售工作的，这种辅导通常作用非常有限。通过对销售人员能力模型的评估，你可以直观地获知每一名销售人员对不同类型的客户展现出的不同能力，以及付出的不同努力。其次，要根据每个人不同的优势和劣势，制订销售人

- 01 辅导不能凭直觉，要因人制宜
- 02 根据客户资金周转情况确定签单时间
- 03 实行精细化管理
- 04 注重辅导的时效性
- 05 辅导要因材施教

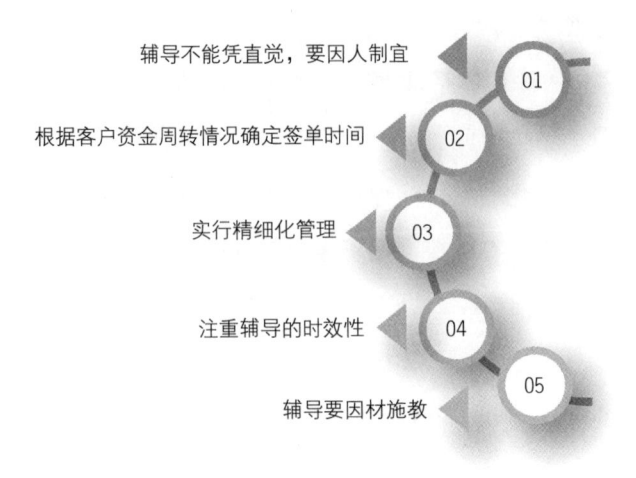

图 8-3 辅导工作中的注意事项

员相互帮扶计划，或者管理者针对性辅导计划。

比如，如果我手上有 10 名销售人员，我要做的第一个辅导就是，他们在针对不同类型客户时应该具备的分析和应对能力。同样面对 A 类客户，有人可以轻松签单，有人却始终完不成任务。这时我们就要分析，没能签单的原因是什么，是没有见到真正的关键决策人，还是在上门拜访的过程中没有沟通到位；是没有挖掘到客户的潜在需求，还是没有了解并解决客户担忧的问题。找到原因之后，管理者就可以辅导他们怎样在签单环节化解这些问题了。

作为管理者，我每天都要盘点团队成员的客户。我发现有一名销售人员隔两三天就要拜访同一个老客户。这个客户是做油品的，从拜访记录来看，我判断他见到了关键人，客户也有预算、有需求，但为什么就是不签单呢？

在辅导的时候，我发现他迟迟不能签单的原因是始终不知道客户想要什么，客户的渴望和担忧是什么，也就是还没走到签单环节，在有效沟通这个节点上就败下阵来。

他是在沟通的说辞上出现问题的。"陈总，这是我们驿知行线下销售管理课程的详情介绍，能给您解决……"这不是有效沟通，有效沟通不是你告诉客户你能给对方什么，而是要和客户探讨客户想要什么，通过客户的口说出来，然后你再有针对性地加以解决。

判断出问题原因之后，我认为换一种说辞能起到更好的效果："陈总，您公司现阶段遇到的问题是什么？您想怎么做？我们的产品有没有能帮助您解决的？"通过这样的相互沟通，就能点对点地一一解决客户关注的问题。

不会和客户深入沟通是这名销售人员遇到的最大问题，所以即便他遇到了一个优质客户，也不能很快拿下。

2. 根据客户资金周转情况确定签单时间

有时候不是客户不想签单，而是客户的资金确实周转不开。这时候，一定要告诉你的销售人员，及时跟客户确定资金到位的时间，时间一到，立马签单，以免夜长梦多。

3. 实行精细化管理

管理者就是要精细化地把每一天、每个人的工作，分解到每一个具体的环节中。随着你辅导工作的推进，还会有更多需要辅导的内容浮出水面。

比如，如果某位销售人员开发不了很多A类客户，你就可以从源头往前推：他在准备客户资料和开发客户的过程中是否做足了功课；他的电话预约是否精准定位了关键决策人；他在初次沟通后是否形成了具体的客户画像，是否了解了客户的具体需求与购买能力；等等。最后回归到他的主要问题，应该从哪些方面去提高精细化工作的力度，以开发更多的A类客户。

4. 注重辅导的时效性

无论辅导的内容是什么，管理者都必须重视辅导的时效性，出现问题及时辅导，而不是等到一定时间之后再回头教育。因为他可能会忘记一些细节，而你也可能会疏忽一些要点。

5. 辅导要因材施教

要注意辅导的独特性。每个销售人员都有自己的特点，也会有各种不同的问题，因材施教才能取得最好的辅导效果。

A类客户是最有把握签下来的客户。对A类客户数据的分析和研判，不仅可以让管理者清楚掌握销售人员的有效客户数量，更为关键的是，还可以让管理者通过销售人员A类客户转化率的数据，看到销售人员在销售过程中出现的一些问题。发现问题，及时解决，才能有效避免A类客户的流失，最大限度地提升签单率。

利用数据让有效预约真的有效

有效预约，是指已经提前沟通并取得拜访许可的客户。20年前可能大部分公司采取的方式是上门进行陌生拜访，但在资讯发达的今天，客户的联系方式已经不难找到，打完预约电话再去拜访，不仅能通过电话排除无效客户，还能在电话沟通中获取一定信息，为正式拜访打好前站。更何况，现在的很多客户都会在公司门口挂上"谢绝推销"的牌子，所以陌生拜访已经失去了新鲜感方面的优势，甚至遭到了一些人的排斥。

所以，管理者要提醒销售人员尽量预约好再去拜访。销售人员在公司里打电话，管理者也能帮着把把关，观察一下客户是不是有效客户，听听销售人员的沟通方式有没有问题，然后给予有效的电话预约辅导。

除了这些优点，使用电话预约的方式还能更容易地统计和记录销售人员每天预约工作的具体情况，便于管理者进行预约数据分析，更高效地发现销售人员的问题并予以指导。一般来说，管理者通过数据分析，会在销售人员有效预约量上发现以下几个问题。

从有效预约量看问题

如果一名销售人员连续一段时间的有效预约量都不达标，一般来说，无外乎两种原因：一是有效客户的资料收集出了问题，二是有效电话的沟通出了问题。

1. 客户源头问题

客户源头决定了客户质量。 管理者要着重关注以下几个问题：销售人员都是通过哪些渠道寻找到客户信息的？这些客户的经济状况是怎样的？他们的客户是不是真的对产品有需求？搞清楚这三个问题，管理者就可以从预约量和其他数据的统计中，及时发现客户源头在哪些方面存在问题了。

解决客户源头的问题相对容易，因为在销售人员入职培训和平时的销售培训中，管理者都着重讲过，只要销售人员严格按照培训中学习的方式去操作，就可以找到正确的方法。

2. 电话开发问题

当销售人员在数据系统中找到客户资料之后，接下来最常用的方式就是通过电话进行初步开发。虽然电话销售已经存在了近半个世纪，但还是有很多人质疑电话销售的合理性和有效性，尤其是进入网络时代之后。但是，作为一名曾经的阿里巴巴销售和基层主管，我可以负责任地告诉各位管理者，虽然网络社交已经成为时代的主流，但电话开发客户依然具备存在的意义。

诚信通是阿里巴巴针对内贸企业量身打造的，以企业诚信体系为内核的电子商务会员服务。自2002年3月推出以来，经过17年的服务经验经淀，已经得到百万会员的认可，拥有千万个活跃买家。

在一个客户一年收费1800元的年代，诚信通电话销售团队的销售人员可以通过电话销售达到一年100万元的营业额，相当于把这项服务卖给了500多个人。这个数据绝对可以称得上是电话销售行业的王者。要知道虽然当时中供铁军的客单价是46000元，但很多团队也做不到一年100万元的业绩。诚信通能够取得如此好的成绩，很大一部分得益于对客户数据进行的科学分析。

相比寻找客户资料，电话开发客户是一项技术活。销售人员要能找到关键人的电话，要知道每一句话该怎么说，还要根据对方的反应及回复随时对接下来的话语做出调整。所以，销售人员可能要经过一段时间的实践和磨炼才能具备这种能力，管理者要多给他们锻炼这种能力的机会，同时，还要给予适当的指导。

找到"有效预约"无效的原因

有的销售人员预约量达到了标准，甚至远远超过了标准，但有效预约的效果却并不好。跟客户见面时，不是客户不在，就是客户太忙没时间谈，要不就是谈了半天也没效果。这时候数据分析就会派上用场。管理者可以根据销售人员之前有效预约数量的完成数据，去分析销售人员的有效预约质量，从而发现销售人员在哪个环节出现了错误。一般来说，通过数据分析，管理者会发现导致有效预约无效的原因主要有以下两种。

1. 销售人员判断失误

销售人员的工作经验和工作能力都有待提高，出现判断错误的情况在所难免，所以在平时的工作中要有意识地锻炼他们的判断力，要告诉他们，除了需要关注客户的支付能力、需求程度等问题，还要注意自己是不是在判断客户类型的阶段就做错了。比如，一个客户看似和产品对标，但实际上对产品并不太感兴趣；再比如，一个客户很节约，别人舍得在这方面花钱他却不舍得。类似这种情况要先弄清楚，然后才能做出正确的判断。

2. 销售人员被客户拒绝

一般来说，达成有效预约的前提是，客户已经在一定程度上了解了销售人员所提供的产品和服务，并且同意和销售人员会面。所以从某种意义上来说，有效预约一般不会在接下来的面谈中被拒绝。但凡事无绝对，如果销售人员前期在电话里没有把产品的基本情况介绍清楚，就有可能让客户找不到产品对自己的价值，这种情况下销售人员很可能会被拒绝。

所以管理者一定要告诉销售人员，在前期的电话预约中，一定要简明扼要地把产品的价值表达出来，让客户有所了解；在电话中也不要只顾着自己表达，而是要想方设法引出客户的一些想法和需求，这样更容易让客户接受拜访。

另外，不要在电话里讲太多。有很多销售人员恨不得在电话里把产品的所有优点通通列出来，但这样做有两点不好：一是客户在电话里只想听对他有用的话，而不想听你啰唆太多，所以要学会根据聊天情境调整说话内容；二是如果在电话里把所有的话都说了，有可能会造成客户不想跟你见面谈，因为他已经在电话里了解了所有他想知道的信息。

在打电话的环节，最重要的是主动引导客户说出他自己想说的，而不是销售人员只顾自己说自己的。比如，首先要问客户："您目前遇到的最大问题是什么？您想怎么做呢？"听客户说完后，可以再跟他确认："王总，我再跟您确认一下，您是不是对以下这几点有所担忧……我们的产品是这样的……您看我们的产品有没有能帮助您解决的？"要引导客户自己回答问题："您看我们的服务您都了解了吗？对您有帮助吗？"这种自然而然的引导更能通过电话实现和客户沟通的目的。

要知道，被客户拒绝是很打击销售人员自信心的，尤其对新手来说，这种打击甚至可以断送他们的销售生涯。所以管理者一定要传授给他们一些技巧，让有效预约真的有效起来。

总之，管理者在对数据进行管理和分析的时候，一定要重点对待预约数据。因为，如果有效预约量没有达到标准，那么接下来的销售流程就没办法顺利地继续下去。同时，一旦在管理和检查预约数据的时候发现问题，就要立刻予以纠正，避免在接下来的销售流程中造成更大的失误。让数据管理从预约那一步起就能发挥作用，让销售管理以最小的成本实现最大的效益。

客户拜访数据分析：
从量变到质变

当管理者把销售人员的有效预约数据管理到位之后，销售环节最重要的一部分——有效拜访就要提上日程了。当然，关于有效拜访的数据管理更加重要。

在成熟的企业中，销售人员每天都会去拜访客户，或者会把客户约到公司面谈。不论约见的形式和地点有何不同，这种和客户面对面的有效沟通统称为有效拜访。

对销售人员而言，有效拜访的数量直接关系到最终的签单结果；而对管理者而言，通过分析有效拜访量可以看到一些本质性的问题，从而实现高效提升销售人员能力的管理目标。比如，管理者可以根据拜访数量和有效拜访数量的对比，分析出销售人员能力缺失的具体情况。

在市场营销学中有一个"631"法则，说的是销售业绩的60%靠拜访量，30%靠销售技巧，10%靠运气。所以一般的企业都会对销售人员的日常拜访量设置具体的目标。根据我的经验，这个标准通常是每天3或4家。

如果一个销售人员的拜访量持续不达标，总是维持在一个较低的水准，可以说明要么他的工作态度有问题，要么他的拜访能力有欠缺。根据不同的分析结果，作为管理者的你应该有针对性地进行心态建设或能力辅导。

除此之外，正常的有效拜访量和成交量之间应该是成正比的，而且随着销售人员工作年限的增加，这个比例会变得越来越小。所以，通过有效拜访量和最终签单量的对比，即对有效拜访转化率的分析，就可以看出销售人员的签单能力以及工作效率是否存在问题。发现问题要及时辅导，及时解决。

拜访客户的目的除了介绍产品，还要联络感情。拜访的目的就是要扩大客户内心的渴望，解决客户内心的顾虑，从而促成签单。

对一名销售人员来说，能把销售流程推进到拜访环节，就等于成功了一半，所以如果最后没有签单是一件非常可惜的事情。这就要求管理者要充分关注每名销售人员拜访的"质"和"量"，出现任何问题都要给予充分的重视，针对具体情况提出相应的处理方法。

量的缺失：销售人员心态问题

虽然大多数从事销售工作的人都比较积极，毕竟收入是和业绩挂钩的，但也确实会有一些作风散漫的员工。他们来上班就是混日子，今天随便拜访一个客户，明天找不到客户资源就不拜访了。运气好碰到能签单的客户就谢天谢地，碰不到只拿底薪也万事大吉。还有一些人，虽然看起来也在踏实工作，却没有销售人员应该有的激情，虽然挑不出具体的问题，却对工作不够负责任。

> 我刚到阿里巴巴做销售的时候，我的主管跟我说的第一句话就是：我们是一个团队，一个荣誉共享、困难共担的团队。当时阿里巴巴的制度是，哪个地区的业绩不好，销售总监就会找大区经理谈话，然后大区经理再找区域内业绩最差的团队主管谈话，最后主管找自己团队中业绩拖后腿的销售人员谈话。
>
> 当时阿里巴巴正处在即将腾飞的准备阶段，我所在的团队中每一名销售人员都在努力学习和工作。作为一个新人，为了不拖团队的后腿，我经常晚上12点半才离开公司，第二天早晨6点钟起床，坐公交车再转长途汽车，到乡下的某一个镇上去见一个客户。这样的作息并没有让我感到辛苦。

那时候，中供铁军里的每一名销售人员基本像我一样拼命努力地工作。我说这个不是建议所有的销售人员都应该拼命工作，但作为销售人员最基本的两点大家都应该做到，一是不懒散，二是有热情。管理者需要用标准化的管理体系来提升销售人员的工作积极性。

所谓标准化的管理体系，可以借鉴一下电视剧《亮剑》里李云龙的做法。他会亲自带着连长、排长以及士兵一起进行艰苦的操练。士兵在操练中出现问题，他就会责问士兵的连长，连长则会责问排长，排长责问班长。这样的管理用在销售领域，就会让销售人员深刻意识到，如果自己不努力就是在拖团队的后腿，从而激发他们的工作热情。另外，严明的奖惩制度也是必不可少的，做得好有奖，做不好惩罚，可以针对个人，也可以针对团队。这些都是激发工作热情的有利方法。

当然，管理者也可以尝试跟团队成员进行沟通交流，告诉他正确的工作方向和做事原则，也可以跟他讲一些关于人生和前途的话题，比如年轻人要有所作为之类的。总之，要站在他的角度，要发自肺腑，这样才能让他听得进去。

质的缺失：销售人员能力问题

心态能够改变销售人员的工作积极性，但提高不了他们的工作能力。前面我也说过，有效拜访是成功的一半，但对销售人员来说，达不到100%的签单，做了1%还是99%并没有区别。想要实现50%向100%的蜕变，管理者需要提升销售人员的拜访和沟通能力。

我曾经辅导过一个资质很差的销售新人，他缺乏经验的程度让我吃惊：他根本听不懂我在说什么，就连字面上的意思都不能完全理解。这样下去只能浪费我们两个人的时间，于是我就让团队里的其他人去辅导他。当时我们根据业绩把团队里的人分成不同的组，就像现在游戏里的段位一样。当所在段位的人都试了一遍以后，他终于能听懂一级段位，也就是最低段位的某个人的话了，于是我就让他们两个人结成了帮扶对子。

这个最低段位的销售人员原本在团队里并不受重视，但当他知道自己可以培训新人的时候，瞬间斗志满满，开始了热情又积极的培训新人工作。每天他都特别认真负责地陪着新人打电话、拜访客户。一段时间后，这个新人真的出现了很大的变化，同时更让人惊喜的是，那个低段位的人在这个过程中做出了不错的业绩，也终于摆脱了团队末级段位的身份。

有了这个成功的经验，我就继续让二级、三级段位的人带这个新人。又过了一段时间，他的进步更加明显了。用了这个方法之后，我的团队中再也没有出现过态度和勤奋度的问题，凝聚力也变强了。

销售人员在有效拜访量上出现问题时，通过管理者给予的及时有效的帮助，大多会突破困境，找到出路。但有些销售人员却屡教不会，面对他们，往往会让管理者感到力不从心，十分头疼，甚至产生放弃他们的想法。放弃并不可取，想方设法帮助他们提高的过程，其实也是管理者积累经验、提高管理能力的过程。也就是说，这是一个教学相长的过程。所以，管理者不要轻易放弃团队中的任何一名成员。

当然，更重要的是，如果管理者能够做好销售人员有效拜访量的数据分析，就会提前发现一些问题，防患于未然。

[**本章小结**]

科学的数据化管理体系

- 为什么要"管"？对数据的掌控力就是对团队的掌控力。
- "管"什么？客户信息记录＋有效预约量和拜访量＋数据分析和预测。
- 怎么"管"？优质的早会＋科学的管理＋制度的保障。

有效提高客户转化率

- 做好辅导工作：因人而异＋资金状况＋精细管理＋辅导时效＋因材施教。
- 做好原因查找：客户源头＋电话开发＋判断失误＋被客户拒绝。
- 做好数据分析：心态问题决定量的积累＋能力问题决定质的转变。

致　谢

英国著名哲学家培根说过:"如果你把快乐告诉一个朋友,你将得到两个快乐。"在阿里铁军近十年的工作经历,是我人生中最美好的时光。借助本书的出版,我有机会把多年在阿里巴巴带领团队过程中所沉淀的销售与管理心得分享出来,使我一个人的快乐变成你我共同的快乐。

出书是一个系统工程,从起心动念到付梓印刷,其间可谓困难重重。幸运的是,在出版的过程中我得到了很多人的帮助和支持,最终才得以让这本书与正在读书的你相遇。

首先,我要诚挚地感谢马总及阿里巴巴的"十八罗汉",是你们创造出阿里巴巴这家伟大的公司,给了我们平凡人做非凡事的决心,让我们能够有机缘与阿里巴巴共同成长,精进销售技巧,沉淀管理经验。

在阿里巴巴的这段岁月里，我要特别感谢当初招聘我入职的阿里巴巴浙江区总经理干嘉伟（阿干），没有你就不可能有我在阿里巴巴的辉煌。

感谢阿里巴巴前 COO 关明生。2003 年，我向他请教如何达成 1440 万元的年度疯狂目标时，他给了我三个关键词让我去思考：团队、市场、策略。这一场景我仍历历在目，他的指教让我终生受用。

感谢曾经在阿里巴巴帮助过我一路成长的所有同学，特别是亲自带过我、辅导过我的许多任主管（干嘉伟、程钦、周峻巍、罗建陆、陈庆探、吴敏芝、陈盛、陈伟、李剑、应勇、俞赛前、雷雁群等），单独辅导过我的阿里巴巴"十八罗汉"之一的戴珊，以及阿里巴巴两位前 COO：李琪和李旭晖。

时任阿里巴巴中供总经理的李琪，与我在珠海全国管理者会议的早餐相遇时，告诉我公司如何选用一个让领导者放心、省心、安心的管理者，这让我受益一生。

阿里巴巴合伙人吴敏芝让我学到，管理者怎么做到公平、公正、公开、透明，做一个人见人爱的管理者。

从周峻巍身上，我学习到了有效激励、即时激励。记得 2003 年 4 月最后一天，我和当时已经是全国第一名的顶尖销售雷雁群竞争时，因为业绩差了近 1/3，我几乎放弃了。周峻巍激励我永不言败、永不放弃，指导我如何反败为胜。他的鞭策让我在最后一刻以 3000 元的微弱优势成功逆袭，这一幕历久弥新。

从全国第一名的主管调岗去全国倒数第一名的区域任东莞销